십자가 II

십자가
II

하도균 지음

목차

들어가는 말 | 6

1부 십자가와 온전한 사랑

1장 십자가에서 확증한 하나님 사랑   11
2장 중생과 하나님의 사랑   33
3장 하나님의 사랑과 물과 성령   61
4장 사랑을 통한 회복   83
5장 십자가와 온전한 사랑   107

2부 십자가와 성령의 역사

6장 십자가와 성령의 본질적인 관계	131
7장 광야라는 십자가와 성령의 역사	159
8장 성령을 통한 회개와 마음의 회복	189
9장 새 마음의 창조를 위한 성령의 역사	215
10장 십자가와 성령 충만	239

| 들어가는 말 |

　십자가는 기독교 신앙의 핵심입니다. 그런데 십자가가 상징(symbol)이기 때문에, 상징이 가지고 있는 중요한 의미를 해석해주지 않으면, 막연한 추상적 실천만 강요하는 꼴이 되고 맙니다. 예를 들자면, 예수께서 제자들에게 "누구든지 나를 따라오려거든 자기를 부인하고 자기 십자가를 지고 나를 따를 것이니라"(마 16:24)라고 말씀하셨기에, 예수님을 따라가는 길은 십자가를 지고 따라가는 길임을 알고 있습니다. 이것이 신앙의 기본입니다. 예수님이 제자를 처음 부르셨을 때 하신 말씀도, "나를 따라 오너라. 내가 너희로 사람 낚는 어부가 되게 하리라"(마 4:19)라고 하셨습니다. 그러므로 예수님을 따르는 것이 신앙의 본질이고, 그 길은 자기를 부인하고 자기 십자가를 지고 가는 길이라고 정의할 수 있을 것입니다.

　그런데 여기에 난해한 부분이 있습니다. 십자가라는 기독교의 상징이 삶의 현장에 실천될 수 있도록 해석되지 않으면 '십자가를 지고 예수님을 따라간다'는 표제가 추상적인 것이 될 수 있습니다. 단지 머리로만 동의할 뿐, 구체적인 실천의 삶으로 이어지지 못할 수 있습니다. 실천이 없는 신앙은 잘못될 위험이 매우 큽니다. 또한 어떠한 능력도 경험하거나 나타낼 수 없습니다. 그때부터 신앙은 형식적인 신앙으로 진화해 갈 수 있습니다.

  이에 필자는, 기독교 신앙의 핵심인 십자가를 중심으로 신앙의 중요한 개념들을 연결하여 그 관계를 해석할 수 있도록 이 책을 집필하였으며, 또한 십자가를 삶의 현장에서 구체적으로 실천하며 살아갈 수 있는 방법을 오랫동안 연구해 왔는데, 본 저서는 그 연구의 결과물 중에 일부로서, 기독교의 중요한 주제인 '사랑'과 '성령의 역사'를 십자가 중심으로 해석하고 실천할 수 있도록 제시한 책입니다. 기독교에서 말하는 사랑이, 왜 기독교 신학과 신앙에 중요한 주제가 되는지, 그리고 그 사랑과 십자가의 관계는 어떠한지를 서술하였고, 하나님의 사랑을 지속적으로 경험할 수 있는 방식으로서 십자가의 중요성을 언급하였습니다. 결국 십자가와 사랑이라는 핵심 주제가 상호 어떠한 관계로서 존재하고 연결되어 있으며, 서로의 의미를 극대화시키는지 제시하였습니다. 그리고 이러한 이론을 통하여 그리스도인들의 삶 속에 십자가를 지고 예수님을 따라가는 실제적인 일들이 실천되어 하나님의 사랑을 지속적으로 누리는 것을 돕도록 하였습니다. 분명한 것은 십자가라는 상징은 그 중심된 의미가 '내려놓음', '죽음', '자기 포기', '헌신' 등을 내포하고 있으므로 그 의미를 중심으로 십자가를 해석하여 사랑과 연결하였다는 것입니다.

또한 예수님이 지신 십자가와 오늘날 성령의 역사는 어떠한 연관성이 있는지를 해석하였습니다. 흔히 성령의 은사적인 부분만을 강조하다 보면, 구속사의 핵심인 십자가를 소홀히 다룰 수 있습니다. 성령이 중요하지만, 그 성령은 예수님의 구속 사역을 완성시키시는 주체로서 중요하며, '예수의 영'이기도 합니다. 그렇기에 예수님의 십자가와 성령의 역사는 어떠한 관점에서 바라보아야 균형 잡힌 신앙관을 형성할 수 있으며, 더 큰 성령의 역사를 경험할 수 있는지를 연구한 것입니다. 즉 성령의 역사는 십자가를 지는 삶 속에서 가능하며, 그때 성령의 다양한 은혜와 은사를 누릴 수 있음을 제시하였습니다. 그리고 성령께서는 구체적으로 우리를 어떻게 변화시키시는지 그 해석을 제시하였습니다.

모쪼록, 힘들고 어려운 시대를 살아가고 있는 그리스도인들이 본 저서를 통하여 다시금 십자가 복음의 능력을 경험하고, 그 안에서 하나님의 사랑을 누리며, 성령의 지속적인 역사를 통하여 회복되고 성장하는 일들이 일어나기를 기원합니다.

2020년 8월 성주산 기슭에서

1부

십자가와 온전한 사랑

1장
십자가에서 확증한 하나님 사랑

> 우리가 아직 죄인 되었을 때에 그리스도께서 우리를 위하여 죽으심으로 하나님께서 우리에 대한 자기의 사랑을 확증하셨느니라(롬 5:8)

십자가와 완전한 사랑이라는 주제에서 먼저 묻고 싶은 것은 "왜 십자가가 하나님의 온전한 사랑일까?"라는 것입니다. '십자가와 사랑'이라고 표현할 수 있지만, '십자가와 온전한 사랑'이라고 표현하면서 '온전한'이라는 수식어를 붙인 이유가 무엇일까? 라는 것이지요. 다양한 종류의 사랑이 있습니다. 아마 여러분들도 여러 가지 방법으로 하나님의 사랑을 경험해 보셨을 것입니다. 그런데 왜 십자가의 죽음이 하나님께서 우리에게 보여주실 수 있는 궁극적이고 완전한 사랑일까요?

사실 이것은 매우 중요한 문제입니다. 우리를 사랑하시는 하나님의 사랑을 잘 알지 못하고 깨닫지 못하면 하나님께서 독생자 아들을 보내 주셔서 그 아들을 십자가에 못 박혀 죽게 하셨다 할지라도, 그것은 그냥 하나의 사건으로 인식될 뿐입니다. 하나님의 어떠한 사랑도 경험해 보지 못하고 십자가의 사건을 전해 듣기만 하였다면, 그것은 그냥 '하나님께서 그런 일을 행하시는 분이시구나'라는 정도로만 이해될 수 있는 일일 것입니다. 그러나 십자가와 사랑에 대한 주제를 깊이 묵상하다 보니, 하나님께서 십자가에서 보이신 사랑은 그렇게 단순하지 않다는 사실을 깨닫고 하나님께 감사의 눈물을 흘리지 않을 수 없었습니다. 십자가는 계속해서 사랑을 베풀어도 깨닫지 못하는 사람들에게 하나님이 주실 수 있는 마지막이자 궁극적인 사랑의 표시였습니다. 아무리 사랑을 보여줘도 그 사랑을 깨닫지 못하고 받아들이지 못하는 우리들에게 보여주신 하나님의 사랑의 극치였던 것입니다.

하나님이 어떤 분이신지를 한마디로 정의한다는 것은 매우 어려운 일입니다. 그런데 예수님의 제자 가운데 한 사람이었던 사도 요한은 요한일서를 기록하면서 하나님과의 지속적인 만남 가운데 하나님을 단도직입적으로 표현합니다. "사랑하지 아니하는 자는 하나님을 알지 못하나니 이는 하나님은 사랑이심이라"(요일 4:8). 사도 요한은 '하나님은 사랑이시다'라고 고백하고 있습니다. 그것은 용기가 필요한 행동이었습니다. 어떤 용기입니까? 확신에 찬 용기입니다. 이러한 용기는 언제 생겨날까요? 주장하고자 하는 내용에 대한 지속적인 경험이 있을 때 생겨나는 것입니다. 사도 요한이 지속적으로 하나님과 만나는 가운데, 하나님을 더 깊이 알게 되고, 그렇게 하나님을 깊이 알게 되면서 하나님이 어떤 분이신지 한마디로 고백한 말이, 바로 '하나님은 사랑'이라는 것입니다.

하나님의 형상과 모습

이렇게 하나님이 사랑이라는 전제를 가지고 창세기 1, 2장을 읽어보면 전혀 새롭게 다가오는 내용이 있습니다. 창세기 1, 2장을 보면 하나님이 사람을 창조하실 때 하나님의 형상과 모습대로 만드셨습니다. '하나님의 형상과 모습'이라는 것이 히브리어로는 '첼렘(צֶלֶם)'과 '데무트(דְּמוּת)'이고, 영어로는 '이미지(image)'와 '라이크네스(likeness)'입니다. 영어 단어를 보면 마치 외적인 모습을 표현하는 것 같지만, 원어를 해석해 보면 '하나님의 내적 성품'이라고 할 수 있습니다. 하나님께서 사람을 하나님의 형상과 모습대로 만드셨다고 이야기할 때 그것은 우리의 외적인 모습이 하나님을 닮았다는 것이 아니라, 하나님의 내적인 성품을 닮았다는 뜻입니다. 하나님이 사람을 만드실 때 하나님의 내적 성품을 닮도록 만드신 것입니다.

저는 십자가를 설명할 때, 주로 창세기 1, 2, 3장으로부터 시작합니다. 창세기 1, 2, 3장에는 하나님의 창조와 사람의 타락이 기록되어 있어서 우리에게 십자가가 필요하게 된 이유를 설명해 주고 있기 때문입니다. 창세기 1, 2장에서 중요한 것은 사람이 하나님의 형상대로 창조되었다는 사실입니다. 창조 질서가 깨어지기 이전에 사람은 비록 피조물이었지만 하나님을 꼭 닮은 존재였습니다. 하나님께서 사람을 하나님을 꼭 닮은 존재로 창조하셨다는 말씀은 신약의 말씀과 연결됩니다. 신약에서, 예수 그리스도를 따르는 제자들은 예수님을 닮아가는 삶을 살았습니다. 우리가 예수를 믿고, 예수 그리스도의 제자로서 살아가는 신앙의 궁극적인 목적은 예수님을 닮아가는 것입니다. 즉, 신약으로 넘어와서 예수님을 믿음으로 예수님을 닮아가는 삶을 통해, 타락으로 인해 잃어버린 하나님의 형상과 모습을 되찾을 수 있는 길이 열린 것입니다.

신앙의 여정을 통해서 하나님이 궁극적으로 원하는 것은, 하나님의 형상과 모양을 회복하는 것입니다. 예수님은 하나님이시기에, 우리가 예수님을 닮아간다는 것은 결국 하나님의 형상과 모양을 회복하는 것입니다. 하나님을 꼭 닮은 존재가 되어가는 것입니다. 하나님의 형상과 모양을 하나님의 내적 성품이라고 설명했는데, 그것을 더 쉽게 설명하자면 '유전자'라고 말할 수 있을 것입니다. 저에게는 세 명의 딸이 있습니다. 그런데 세 딸이 다 저를 닮았습니다. 제가 가르치지 않았는데, 저와 똑같은 행동을 합니다. 저와 똑같은 표정이나 제스처를 취합니다. 왜냐하면 제 유전자를 가진 제 딸들이기 때문입니다.

요한 사도는 요한일서 4장 8절에서 하나님을 사랑이라고 정의했습니다. 하나님의 가장 핵심적인 성품이 사랑이라는 것입니다. 그렇다면 하나님의 형상과 모습으로 사람을 만드셨다는 말을 다시 풀어보면, 하나님의 가장 핵심적인 내적 성품인 사랑을 사람에게 심어주셨다는 말로 해석할 수 있습니다. 하나님의 유전자의 핵심이 바로 '사랑'이기 때문에, 그 사랑의 하나님이 하나님의 형상과 모습대로 사람을 만드셨을 때, 사람은 하나님과 동일하게 사랑의 존재로 창조된 것입니다. 그렇기 때문에, 하나님의 형상과 모양대로 만들어진 사람에게 사랑은 있어서도 되고 없어서도 되는 그러한 요소가 아닙니다.

사랑에 대해 묵상하면서 인터넷을 검색하다가 깜짝 놀란 적이 있습니다. 어떤 과학자가 사람의 뇌를 연구한 결과를 보여주는 20분 정도의 영상 때문이었습니다. 그 과학자는 헬렌피셔라는 분인데, 사람의 뇌를 추적하며 연구한 결과 사랑을 받고 사랑을 나누어 줄 때 뇌가 가장 활성화가 된다는 사실을 보고하였습니다. 일반 학문에서 밝혀낸 사실 중 하나는, 사람의 뇌에는 사랑을 다루는 부분이 따로 있다는 것입니다. 그런데 그 과학자는 왜 사람이 사랑을 주고받을 때 뇌가 가장 활성화되는지를 잘 모를 것입니다. 하지만 성경은 그 이유를 설명하고 있습니다. 사람은 하나님의 사랑의 성품을 가지고 만들어진 사랑의 존재이기 때문에 사랑할 때 뇌가 가장 활성화된다고 볼 수 있습니다. 사랑이 없이는 살 수 없는 존재라는 것이지요.

사랑이 없으면 아무 유익이 없느니라

결국 인생의 문제는 사랑의 문제라고 할 수 있습니다. 왜 울고 웃습니까? 무슨 문제가 있나요? 돈 문제가 아닙니다. 관계의 문제도 아닙니다. 모든 것이 사랑의 문제입니다. 사랑에 대해 성경을 깊이 묵상하다 보니, 제가 너무 모르고 있는 사실을 깨닫게 되었고, 하나님께 죄송한 마음이 들었습니다. 결국 사람은 각자의 삶의 영역에서 사랑을 받지 못하였을 때, 여러 가지 문제가 생기게 된다는 것을 유추할 수 있었습니다. 두려움의 문제, 열등감의 문제, 그리고 분노의 문제까지도 말입니다. 사랑을 많이 받은 자녀는 어디를 가도 싱글벙글 웃고 다닙니다. 사랑만 받고 자랐기 때문에, 왜 싸우는지를 모르고 왜 아픈지를 잘 모를 수도 있습니다. 사람은 누구나 한 꺼풀만 벗겨놓고 보면 다 울고 싶은 마음을 가지고 있는데, 또 다른 한 꺼풀만 벗겨놓고 보면, 어딘가 기대고 싶은 마음도 있다는 사실을 잘 알지 못합니다. 성경을 보면, 지속적으로 사랑 이야기가 나오는데, 그 결과 하나님을 묵상하고 성경을 깊게 묵상한 사람들의 결론이 사랑이라는 것도 알게 됩니다. 왜 그럴까요? 그것은 바로 하나님이 사랑이시기 때문입니다. 하나님이 사랑 안에서 우리를 만나기 원하시기 때문입니다. 이것을 깊게 깨달은 바울은 고린도전서 13장 1절부터 마지막 절까지 사랑에 대해 이야기합니다.

내가 사람의 방언과 천사의 말을 할지라도 사랑이 없으면 소리 나는 구리와 울리는 꽹과리가 되고 내가 예언하는 능력이 있어 모든 비밀과 모든 지식을 알고 또 산을 옮길 만한 모든 믿음이 있을지라도 사랑이 없으면 내가 아무것도 아니요 내가 내게 있는 모든 것으로 구제하고 또 내 몸을 불사르게 내줄지라도 사랑이 없으면 내게 아무 유익이 없느니라 사랑은 오래 참고 사랑은 온유하며 시기하지 아니하며 사랑은 자랑하지 아니하며 교만하지 아니하며 무례히 행하지 아니하며 자기의 유익을 구하지 아니하며 성내지 아니하며 악한 것을 생각하지 아니하며 불의를 기뻐하지 아니하며 진리와 함께 기뻐하고 모든 것을 참으며 모든 것을 믿으며 모든 것을 바라며 모든 것을 견디느니라 사랑은 언제까지나 떨어지지 아니하되 예언도 폐하고 방언도 그치고 지식도 폐하리라 우리는 부분적으로 알고 부분적으로 예언하니 온전한 것이 올 때에는 부분적으로 하던 것이 폐하리라 내가 어렸을 때에는 말하는 것이 어린아이와 같고 깨닫는 것이 어린아이와 같고 생각하는 것이 어린아이와 같다가 장성한 사람이 되어서는 어린아이의 일을 버렸노라 우리가 지금은 거울로 보는 것 같이 희미하나 그때에는 얼굴과 얼굴을 대하여 볼 것이요 지금은 내가 부분적으로 아나 그때에는 주께서 나를 아신 것 같이 내가 온전히 알리라 그런즉 믿음, 소망, 사랑, 이 세 가지는 항상 있을 것인데 그 중의 제일은 사랑이라

성경을 사랑의 관점에서 살펴보면, 사람이 죄를 짓고 하나님과의 관계가 끊어졌다는 것은 하나님의 사랑을 받지 못하는 존재가 되었다는 것을 의미합니다. 사람은 하나님께 사랑을 받고 그 사랑을 다른 사람에게 베풀면서 살아야 하는 존재인데, 그 사랑에서 끊어지니, 인생이 삐뚤어지기 시작한 것입니다. 하나님은 그 관계를 회복하기 원하십니다. 기독교 신앙에서 가장 중요한 것은 하나님과의 관계입니다. 아무리 신앙적인 일을 한다고 하더라도, '주여, 주여' 부르며 아무리 종교적인 발언을 한다고 하더라도, 하나님과 올바른 관계를 보장해 주지는 않습니다. 왜 관계가 중요합니까? 이 관계가 올바르게 설정되어 있어야 하나님으로부터 흘러오는 사랑

을 받을 수 있기 때문입니다.

한 사람에서 한 민족으로, 그리고 열방으로

하나님이 아브라함을 부르셔서 이스라엘 민족을 만드시고, 이스라엘 민족에게 하나님의 사랑을 지속적으로 베풀어 주셨습니다. 여기서 중요한 것은 하나님이 이스라엘을 선택하셨다는 사실입니다. 사실은 이스라엘을 선택하신 것이 아니라 아브라함을 선택하시고 아브라함에게 자손과 민족을 이루는 약속을 주신 것입니다. 그 약속이 출애굽을 하면서 일차적으로 이루어집니다. 그런데 왜 하나님은 아브라함 한 사람이 아니라 이스라엘 민족을 선택하셨다고 말씀하시는 것일까요? 중요한 것은 하나님의 일은 한 사람으로부터 시작되지만, 열방으로 이어져야 하고, 그러기 위해서는 한 민족이 필요했기 때문입니다. 그래서 하나님은 하나님의 뜻에 합당한 사람을 부르셔서, 그 사람에게 약속하신 것이 바로 한 민족이고 한 나라였던 것입니다. 하나님은 열방을 하나님께로 인도할 수 있는 한 민족을 만들기를 원하셨던 것입니다. 그리고 하나님의 사랑을 듬뿍 받은 그 민족을 통해서 열방으로 하나님의 사랑이 흘러가기를 원하셨습니다.

하나님이 애굽 땅에서 종살이하는 히브리 민족을 이끌어내기 위해서 얼마나 많은 사랑을 보이셨습니까? 모세를 보내주시고, 10가지 재앙을 통해서 히브리인의 하나님이 참된 신이라는 것을 보여주셨습니다. 그리고 애굽에서 나올 때, 그들이 수고한 만큼, 은 금 패물을 다 가지고 나올 수 있도록 해주셨습니다. 또한 그들을 뒤따라오는 애굽의 병거와 마병들을 홍해에 수장시키셨지만, 히브리 민족은 머리 털끝 하나 상하지 않고 건네게 해 주셨습니다. 히브리 민족은 죽을 수밖에 없는 상황에서 홍해를 무사히 건넌 후, 기쁨에 넘쳐 하나님을 예배했습니다. 모세와 히브리 백성들은 함께 노래하며 하나님을 찬양하고 미리암과 여인들이 소고를 치고 춤추며 하나님을 찬양했습니다(출 15:1-21).

이렇게 하나님의 사랑을 회복한 사람들을 통해 하나님의 사랑이 이 땅에 흘러갈 수 있는 통로가 만들어지기 시작한 것입니다. 그런데 사랑이라고 하는 관점에서 성경을 보면, 참 가슴 아픈 사실을 발견할 수 있습니다. 하나님은 이스라엘을 사랑하셨지만, 이스라엘은 하나님의 사랑을 잘 깨닫지 못했습니다. 그들에게는 보는 눈이 없었고, 듣는 귀가 없었고, 깨닫는 마음이 없었습니다. 전능하신 하나님은 최선을 다해서 이스라엘을 사랑하셨지만, 이스라엘은 끝내 하나님의 사랑을 깨닫지 못했습니다. 그들은 자신들이 필요할 때 찾아오셔서 베푸시는 하나님의 기적만을 사랑이라고 생각했을 뿐 일상생활 안에서 하나님이 그들의 삶에 개입하셔서 그들을 어떻게 사랑으로 인도하시는지를 깨닫지 못했습니다.

중요한 것은, 사랑이 회복되고, 하나님이 나를 사랑하신다는 것이 깨달아지지 않으면, 하나님의 사랑을 열방으로 흘려보낼 수가 없다는 것입니다. 이스라엘은 놀라운 하나님의 사랑을 경험했지만, 잠시였습니다. 그리고 곧 어려운 현실 때문에 그 사랑을 잊어버렸습니다. 그렇기에 하나님의 사랑을 경험하였지만, '하나님이 이렇게 우리를 사랑하시니 우리가 이 사랑에 감복해서 세상으로 나가자!'라고 외치지 못했습니다. 사랑의 통로로서 역할을 감당하지 못했던 것입니다. 하나님은 오래 참고 기다리셨지만, 끝끝내 하나님의 사랑을 깨닫지 못하는 이스라엘 백성은 바벨론 왕 느부갓네살 손에 붙이셔서 포로가 되게 하실 수밖에 없었습니다.

하나님의 사랑을 알지 못하는 백성

바벨론 포로 시대에 하나님의 사람 예레미야는 일평생을 울면서 설교했습니다. 어떤 설교를 했을까요? '하나님이 우리 민족을 사랑하십니다. 하나님은 우리 민족을 포기하지 않으십니다. 때가 되면 이 땅으로 돌아올 것입니다!'라며 일평생 울면서 설교했습니다. 그런데 이스라엘은 하나님의 사랑으로 돌아오지 않았고, 결국 바벨론 왕 느부갓네살에 의해서 예루살렘은 황무지가 되었습니다. 예레미야는 그렇게 울면서 하나님의 사랑을 전했지만 받아들이지 않는 이스라엘을 향해서 슬픈 노래를 지어서 역사에 교훈으로 남겼습니다. 그것이 예레미야 애가입니다. 세상에 어떤 시도, 세상에 어떠한 노래도, '예레미야 애가'와 같이 처절하고 애절한 내용은 없습니다.

예루살렘은 함락되고 불신앙과 불순종으로 사람의 눈치만 보던 시드기야 왕은 자신의 두 왕자가 죽임을 당하는 것을 목도하고 두 눈이 뽑힌 채 바벨론으로 끌려갔습니다. 그러나 70년이라는 하나님의 시간이 찼을 때, 하나님의 약속대로 이스라엘은 3차례에 걸쳐서 예루살렘으로 돌아오게 됩니다. 예루살렘으로 돌아온 그들은 성전을 재건하고 성벽을 중수하고 제도를 정비하여 다윗과 솔로몬 시대의 영광을 재연해보려고 노력하였습니다. 이스라엘 사람들은 바벨론 포로 생활이 끝나고 예루살렘으로 돌아오면 모든 것이 해결될 것이라고 생각했던 것입니다. 그런데 그들이 기대하는 것처럼, 그들이 원했던 것처럼 속히 회복되지 않았고, 여러 가지 어려운 일들이 연이어 일어나게 되자, 이스라엘의 신앙은 다시 무너지게 되었습니다.

이스라엘 백성들이 처음에 바벨론 포로에서 돌아왔을 때는 에스라와 느헤미야와 같은 하나님의 사람들을 통해서 율법이 낭독되고 그 안에서 회개하는 모습이 있었지만, 그 모습이 오랫동안 지속되지 못했습니다. 그들은 다윗과 솔로몬의 영광이 재현되기를 원했으나, 그 속도가 늦어지고, 오히려 어려운 일들이 연속해서 발생하자, 그들의 신앙은 다시 무너진 것입니다. 그들은 형식적으로 하나님을 섬기는 척했을 뿐, 아무런 정성도 사랑도 없는 공허한 제사를 하나님께 드렸습니다.

하나님은 그러한 이스라엘을 바라보시면서 마음이 많이 아프셨습니다. 하지만 이스라엘을 포기할 수 없었습니다. 하나님은 다윗과 세운 언약을 기억하사 다시 이스라엘과 관계를 회복하기 원하셨지만, 이스라엘은 하나님의 품에 안기기를 거부했습니다. 하나님은 미련을 가진 남편처럼 거부하는 아내를 붙들고 사랑한다고 말씀하셨습니다. 어디에 잘 나타나 있습니까? 바로 호세아서에 나타나 있습니다. 하나님은 하나님의 품을 거부하는 이스라엘에게 계속해서 사랑한다고 말씀하셨지만, 이스라엘은 오히려 '자신들을 어떻게 사랑하셨느냐'고 반문합니다.

저는 이러한 구절이 성경에 있는 줄 몰랐습니다. 그런데 사랑에 대한 말씀들을 묵상하다가 이 말씀을 발견하고 너무 마음이 아팠습니다. 바로 말라기 1장 2절의 말씀입니다. 말라기 1장 2절을 보면 하나님이 이스라엘을 사랑하신다고 말씀하시는데, 이스라엘은 하나님께 "주께서 어떻게 우리를 사랑하셨나이까?"라고 반문합니다. 저는 이 대목에서 가슴이 꽉 막혔습니다. 참 가슴 아픈 것이, 하나님은 이스라엘을 사랑한다고 말씀하시는데, 이스라엘은 그 말에 마음 깊은 곳의 불만을 터트리는 것입니다. 사람이 대부분 그렇습니다! 상황이 좋을 때는 별말이 없다가, 밑바닥까지 가게 되면 마음속 이야기를 터트리는 것입니다. 이 부분이 바로 그러한 상황입니다. '우리가 이렇게 밑바닥까지 내려왔는데, 당신이 우리를 사랑했다면 우리가 여기까지 왔겠느냐?'라는 것입니다. 그래서 하나님께 불만 가득한 목소리로 묻습니다. "주께서 어떻게 우리를 사랑하셨습니까?"

구약 전체를 보면 하나님의 사랑 때문에 이스라엘이 여기까지 왔는데도, 이스라엘은 그 하나님의 사랑을 거절하고 스스로 밑바닥으로 내려가면서 하나님의 사랑을 깨닫지 못합니다. 그 사랑을 깨닫지 못하기 때문에 매 맞고 멍들고 나라가 망하기까지 합니다. 그리고 이제는 악에 받쳐서 하나님이 사랑하신다는 말씀을 듣고 도대체 어떻게 사랑한 것인지를 따지는 것입니다. 혹시, 이 책을 읽고 있는 분들 가운데도 '하나님, 날 사랑하긴 하세요? 하나님, 정말 날 사랑하긴 하세요?'라고 묻고 싶은 분이 있습니까? 이스라엘도 그러했습니다. 남편은 아내를 죽기까지 사랑했는데, 아내는 사랑

받은 기억이 없다는 것입니다. 한쪽에서는 일방적으로 사랑했는데, 다른 쪽에서는 사랑을 받은 기억이 없다고 한다면 더 이상 할 말이 없는 것이지요. 하나님은 열심히 사랑하셨는데, 이스라엘은 사랑을 받은 기억이 없다고 하니 하나님은 더 이상 할 말씀이 없었던 것입니다.

주께서 어떻게 우리를 사랑하셨습니까?

말라기는 구약의 마지막입니다. 구약의 맨 마지막 책인 말라기에서, 하나님은 이스라엘을 향해서 '내가 너희를 사랑한다'고 말씀하시는데, 이스라엘은 '주께서 어떻게 우리를 사랑하셨는지 보여주십시오'라고 오히려 반문합니다. 이스라엘이 이렇게 말하는 이유는, 실제로 하나님의 백성으로 많은 고난을 당했기 때문입니다. 맞을 짓을 해서 맞았지만, 맞을 때는 아픈 것입니다. 한두 번이면 몰라도, 야곱의 시대부터 말라기까지 수천 년이 넘는 세월 동안 이스라엘은 상하도록 맞고, 터지도록 맞고, 죽도록 맞고, 망하도록 맞았습니다. 그런데도 하나님께로 돌아오지 않고 하나님께 절대적으로 의존하지 않았습니다. 그리고는 '주께서 어떻게 우리를 사랑하셨습니까?'라고 반문을 합니다. 그리고 말라기 2장 17절에서는 '공의의 하나님이 어디 계시느냐?'고 반문합니다. 너무 충격적인 질문입니다.

이스라엘의 충격적인 질문에 하나님은 400년 동안이나 침묵하십니다. 그 대답을 준비하시는데 400년이라는 시간이 걸렸다고 생각할 수 있습니다. 그래서 그 400년을 영적인 암흑기라고 부릅니다. '주님, 내가 이렇게 터지고, 이렇게 상하고, 이렇게 망하도록 내버려두시고 당신이 나를 사랑하신다구요? 내가 시험만 보면 떨어지는데, 당신이 나를 사랑하신다구요? 나는 그래도 교회 빠지지 않았거든요! 그래도 십일조 제대로 했거든요! 그런데 내 인생은 이게 뭐에요!'

사람은 참 악한 마음이 있는 것 같습니다. 영적인 눈이 닫히면, 자기 맞은 것만 보이게 됩니다. 영적인 귀가 닫히면, 자기가 망하도록 맞은 것만 보이는 것입니다. '하나님이 살아 계시면 나를 이렇게 놔두시겠어?' 그러면서 '도대체 공의의 하나님이 어디 계신가?' 하고 반문하는 것입니다. 이것이 구약의 결론입니다. 구약 성경의 마지막인 말라기는 이러한 반문으로 끝나고 있습니다. 저는 이 말씀을 묵상하다가 가슴이 울컥해서 더 이상 다른 글을 읽을 수 없었습니다. 아무리 어려운 일이 있어도, 아무리 큰 실패를 했다고 해도, 하나님과의 관계만 올바르게 정립되어 있어서 하나님의 사랑만 흘러 들어올 수 있다면, 얼마든지 다시 일어날 수 있습니다. 그런데 우리가 실망하고 낙담 될 때는, '하나님은 나를 사랑하시지 않아'라고 느껴지기 때문에 다시 일어나기가 힘든 것입니다.

　어렵고 힘든 상황에서는, 자신의 삶을 뒤돌아보고 하나님의 사랑을 회고하기보다는, 오히려 반항심이 올라옵니다. '하나님이 나를 어떻게 사랑하셨습니까? 공의의 하나님이 어디 계십니까? 하나님이 살아계시면 내 인생이 왜 이렇게 되었습니까?' 이런 생각들이 들게 됩니다. 바로 이것이 말라기의 내용입니다. 구약의 마지막은 이스라엘의 반항으로 끝납니다. 하나님은 이러한 이스라엘의 질문에 아픈 마음을 가지고 오랜 시간 침묵하십니다.

이것이 내 사랑이야!

　아브라함 시절부터 말라기까지 오랜 시간 동안 사랑하시고 그들을 회복시키시면서 이끌어왔는데, 지금 어려운 상황 속에서, 하나님께 맞은 것이 너무 아프고 힘들어서 하나님이 우리를 사랑하신 것이 맞느냐? 고 반문하는 이스라엘에게 하나님은 대답할 말을 준비하셨습니다. 그 대답으로, 400년의 시간이 흐른 뒤, 하나님은 당신의 아들을 보내주셨습니다. 그리고 그 아들을 십자가에 못 박으시면서 '이것이 내 사랑이야! 이만큼 너희를 사랑한다!'고 대답하셨습니다. 로마서 5장 8절이 바로 그 대답입니다. "우리가 아직 죄인 되었을 때에 그리스도께서 우리를 위하여 죽으심으로 하나님께서 우리에 대한 자기의 사랑을 확증하셨느니라"

어떠한 사랑에 대한 경험도 없이 처음부터 십자가를 보여주셨다면, 그것이 얼마나 큰사랑인지 잘 모를 것입니다. 그런데 구약의 그 긴 시간 동안 사랑하고, 사랑하고 정말 모든 것을 다 내어주면서 사랑했지만, 이스라엘은 그 사랑을 깨닫지 못했습니다. 그리고 마지막에는 자신들이 잘못해서 힘든 상황이 되었지만, 그것 때문에 너무 마음이 상하자, 주께서 사랑하신 것이 맞는지를 반문하는 이스라엘을 향해, 하나님이 준비하신 대답이 바로 십자가였던 것입니다.

로마서 5장 8절에 '우리가 아직 죄인 되었을 때에'라는 것이 바로 우리가 하나님께 반항하는 모습과 오버 랩 되지 않습니까? '하나님, 살아 계십니까? 지금 날 보고 계십니까? 내가 당신의 자녀가 맞습니까? 그런데 내 삶은 왜 이렇게 힘들고 어렵습니까?' 하고 하나님께 따지고 화내고 하나님이 안 계신 것처럼 생활하는 모습이 아닙니까? 그때에 하나님은 당신의 사랑하는 아들을 십자가에 못 박으시면서 대답하십니다. '내가 너를 어떻게 사랑하느냐고 물었지? 내 아들을 십자가에 내주기까지 너를 사랑한다.' 그런데 우리는 아직 하나님의 사랑을 여전히 모르고 있을 수 있습니다. 십자가를 바라보면서도, 하나님의 사랑을 깨닫지 못하는 것입니다. 이러한 하나님의 마음을 절절하게 표현하는 찬양이 있습니다.

너를 사랑해 내 가슴이 찢어지네
너를 사랑하는 내 마음 다 표현할 수 없어 내 마음 괴로워하네

너를 사랑해 내 손과 발 찢기었네
너를 위험에서 건지려 내 몸을 던져 널 위해 내 손과 발 찢기었네

너를 사랑해 내 품에 널 안으리
바다 끝이라도 하늘 꼭대기라도
거기서도 널 지키리 너를 사랑해

너를 사랑해 내 품에 널 안으리
그 누구가 너를 정죄한다 하여도
내가 너를 용서하리 너를 사랑해

'하나님! 나를 사랑하시는데 왜 사람들에게 나의 연약함과 무능력을 드러내어 자꾸 비난받게 하십니까? 나를 사랑하신다구요? 주께서 어떻게 나를 사랑하시는지 보여주십시오!' 이것이 이스라엘만의 질문만은 아닐 것입니다. 지금도 하나님 앞에 나왔지만, 하나님

의 사랑에 대해 반항하는 마음이 우리 안에 꿈틀거리고 있을 수 있습니다. 그래서 로마서 5장 8절에서 바울 사도가 말합니다. "우리가 아직 죄인 되었을 때에 그리스도께서 우리를 위하여 죽으심으로 하나님께서 우리에 대한 자기의 사랑을 확정하셨다"고 말입니다.

하나님은 말씀하십니다. "내가 어떻게 더 사랑을 보여줄까? 내가 어떻게 나의 사랑을 이 방법 외에 달리 입증할 수 있겠니? 너희들이 반항할 때, 너희들이 내 존재를 믿지 않을 때, 밑바닥에서 힘들어서 나를 향해 손가락질할 때, 나는 그때 내 아들을 십자가에 죽게 함으로 내 사랑을 보여줬어!" 그래서 십자가는 완전한 사랑입니다. 십자가보다 더 큰 사랑은 없습니다. 이렇게 신약의 십자가를 구약과 연결해서 이해하면 십자가에 담긴 하나님의 사랑이 온전한 사랑이었다는 사실을 깨달을 수 있습니다.

하나님은 성령을 통해서 지금도 당신을 찾아가 당신의 마음을 두드리고 계십니다. '내가 너를 사랑한다. 내가 너를 사랑한다.' 반항하는 마음이 올라올 수 있습니다. 그래도 괜찮습니다. 하나님은 그런 우리 마음을 너무 잘 알고 계십니다. 그런데 어느 날, 이러한 하나님의 사랑이 깨달아지기 시작하면, 그래서 십자가의 사랑이 깨달아지기 시작하면, 그다음에는 놀라운 확신이 있는 고백이 있게 됩니다. 바로 로마서 8장 35-39절의 말씀이 그러한 고백입니다.

누가 우리를 그리스도의 사랑에서 끊으리요 환난이나 곤고나 박해나 기근이나 적신이나 위험이나 칼이랴 기록된 바 우리가 종일 주를 위하여 죽임을 당하게 되며 도살당할 양 같이 여김을 받았나이다 함과 같으니라 그러나 이 모든 일에 우리를 사랑하시는 이로 말미암아 우리가 넉넉히 이기느니라 내가 확신하노니 사망이나 생명이나 천사들이나 권세자들이나 현재 일이나 장래 일이나 능력이나 높음이나 깊음이나 다른 어떤 피조물이라도 우리를 우리 주 그리스도 예수 안에 있는 하나님의 사랑에서 끊을 수 없으리라

때때로 이스라엘처럼 반항하고 싶을 때가 있을 것입니다. 믿어지지 않을 때가 있을 것입니다. 그때 십자가를 보세요! '너희가 믿어지지 않는다고 할 때, 너희가 죄인 되었을 때, 내 아들을 십자가에 내어줬어. 내가 도대체 어떤 일을 해야 내 사랑을 너희들에게 확증시킬 수 있겠니?' 하나님이 말씀하십니다. 그런데 이 사랑이 깨달아지기 시작하면, 회복될 수 있습니다. 이 사랑이 깨달아지기 시작하면, 하나님의 사랑에서 우리가 끊어지지 않는다는 것을 확신할 수 있게 됩니다.

누가복음 15장에는 탕자의 비유가 나옵니다. 우리는 흔히 돌아온 둘째 아들에게 초점을 맞춥니다. 그런데 누가복음 15장 전체를

보면 예수님께서 이러한 비유를 말씀하신 이유를 알 수 있습니다. 그 이유 중 하나는 하나님을 너무 높은 분으로만 생각하는 유대인들에게, 그래서 하나님 앞에 감히 잘 나가지 못하는 이스라엘에게, 하나님이 어떤 분이신지를 가르쳐 주시기 위함이었습니다. '너희들이 신앙하는 하나님이 어떤 아버지인 줄 아느냐? 그 아버지는 집 나간 자식을 계속 기다리시는 아버지야!'라고 가르쳐 주고 계시는 것입니다.

주님은 지금도 당신이 그 사랑의 관계 안으로 돌아오기를 기다리고 계십니다. 우리가 아직 죄인 되었을 때에 그리스도께서는 십자가에서 죽으심으로 우리를 향한 하나님의 사랑을 확증하셨습니다. 이 십자가의 사랑은 완전한 사랑입니다. 하나님의 완전한 사랑을 깨달아야 합니다.

2장

중생과 하나님의 사랑

하나님이 세상을 이처럼 사랑하사 독생자를 주셨으니 이는 그를 믿는 자마다 멸망하지 않고 영생을 얻게 하려 하심이니라(요 3:16)

　요한복음 3장 16절은 기독교 신앙의 진수 또는 핵심 구절이라고 말합니다. 그런데 이 구절을 보면, 니고데모가 밤중에 예수님을 만나러 옵니다. 무슨 이유인지는 잘 모르지만, 영혼의 갈급함이 있었던 것 같습니다. 니고데모를 만난 예수님은 갑자기 거듭나야 하나님 나라를 볼 수 있다고 말씀해 주십니다. 중생의 필요성을 이야기하신 것입니다. 중생(重生)은 영어로, 'rebirth, regeneration, born again'으로 표기할 수 있습니다. 즉, 다시 태어나는 것입니다. 예수님은 니고데모와 중생에 대해 대화를 나누면서, 중생하지 않으면 하나님을 볼 수 없음을 강조하셨습니다.

앞에서 살펴보았지만, 하나님께서는 힘없고 연약한 이스라엘을 위해 사랑을 베푸시면서 온갖 기적을 베푸시며 구원해 주시고 인도해 주셨습니다. 그러나 이스라엘은 하나님의 사랑 속에 지속적으로 머물지 못하고, 그들이 처해있는 상황과 어려움만 바라보면서 하나님 앞에서 불평하였습니다. '하나님, 당신이 어떻게 우리를 사랑하셨습니까? 지금 이렇게 밑바닥인데 하나님이 우리를 사랑하신다구요?' 하나님은 이 질문에 조금 충격을 받지 않으셨을까 하는 생각이 듭니다. 조금이 아니라, 아마 충격을 많이 받으셨을 것 같습니다. 그러다가 긴 준비 기간을 마치시고 마침내 아들을 이 땅에 보내주셔서 십자가에 죽게 하심으로 당신의 사랑을 확증해 주셨습니다.

하나님께서는 이렇게까지 하셔서 우리를 향한 당신의 사랑을 확증해 주셨지만, 그럼에도 불구하고 그 사랑을 알지 못하는 사람들이 많이 있습니다. 또한 믿음이 있는 신앙인들도 하나님의 사랑을 느끼려고 노력하지만, 노력하고 기도한 만큼 그 사랑이 충만하게 느껴지지 않는 경우가 많이 있습니다. 이것은 누구의 문제일까요? 하나님의 문제일까요? 하나님께서 나에게 관심이 없는 것일까요? 중요한 것은, 하나님 편에서는 하실 일들은 모두 끝났다는 것입니다. 십자가에서 하나님의 완전한 사랑을 보여주신 것으로 말입니다. 예수께서도 십자가를 지고 마지막 숨을 거두실 때, "다 이루었다"라고 선언하셨습니다. 그러나 마음이 완악하고 눈이 어두워져 있는 사람들은 그 사랑을 알지 못하고 그 사랑을 깨닫지 못합니다.

하나님께서는 구원을 위하여 당신이 하실 수 있는 것을 끝내셨기에, 이제는 사람 편에서 사람들이 해야 할 일이 있습니다. 그것은 하나님의 사랑을 경험하기 위해서 하나님과 어떠한 관계를 맺어야 할지, 그리고 어떻게 그 사랑을 지속적으로 경험할 수 있을지를 노력해 알아가야 합니다. 그러나 하나님은 사람들의 연약함을 아십니다. 하나님께서 완전한 사랑을 확증해 주셨다고 하더라도, 결국 우리는 이스라엘과 똑같아질 수밖에 없다는 사실을 잘 알고 계십니다. 그렇기에 사람들이 하나님의 사랑을 경험하고 그 안에 지속적으로 거하기 위해서는, 사람 자체가 변화되어 새로워져야 한다는 것을 아셨습니다. 그것은 다시 태어나는 방법밖에는 없습니다. 그래서 중생을 계획하신 것입니다. 그러므로 중생은 이렇게 하나님의 사랑과 연결이 됩니다.

우리는 때로 '다시 태어나면 좋겠다. 다시 태어나면 잘할 수 있을 텐데······.' 이런 생각을 할 때가 있습니다. 하나님께서 아무리 은혜를 베풀어 주시고 회복시켜 주셔도 문제만 생기면 넘어지고, 하나님을 원망하는 것이 우리들의 모습입니다. 이러한 모습이 이스라엘의 이야기만일까요? 또는 다른 사람들의 이야기로만 생각하시나요? 그러나 우리 역시 넘어질 때마다 '하나님, 당신이 우리를 사랑하셨다고요? 하나님, 당신이 우리를 어떻게 사랑했는지 보여주세요!' 이렇게 되묻곤 하지 않습니까? 그래서 하나님은 사람들 그 자체를 변화시켜 새롭게 하시기로 계획하신 것입니다.

부드러운 새 마음

사람의 중심은 마음에 있는 것 같습니다. 그래서 기독교뿐만 아니라 일반 학문에서도 마음에 대한 연구가 활발하게 이루어지고 있습니다. 마음은 어디에 있을까요? 심장에 있을까요? 머리에 있을까요? 잘 모릅니다. 그래서 요즘 상담학과 뇌 과학과 같은 학문 분야에서는 도대체 마음이 어디에 있는지를 연구하고 있다고 합니다. 마음이 중요한 것은 마음이 행동하고 결단하고 판단하고 하는 모든 것들을 다 이끌어 가기 때문입니다. 그런데 성경은 사람의 마음이 부패해 있다고 말합니다. 마음이 굳어져 있는 것입니다. 마음이 완악해져 있는 것입니다. 그러므로 이러한 마음을 바꾸지 않고는 하나님의 사랑 안에 지속적으로 머물 수 없다는 것을 하나님이 아시고 사람들의 마음을 바꿔주시기로 작정하셨습니다. 그리고 마음을 바꾸는 일은 곧 다시 태어나는 일에서 시작합니다. 중생이 바로 출발점 입니다.

  반복적으로 하나님을 떠나 살아가는 이스라엘을 위해 하나님은 궁극적으로 새 언약을 약속해 주십니다. 에스겔 36장 26-27절의 말씀입니다. "또 새 영을 너희 속에 두고 새 마음을 너희에게 주되 너희 육신에서 굳은 마음을 제거하고 부드러운 마음을 줄 것이며 또 내 영을 너희 속에 두어 너희로 내 율례를 행하게 하리니 너희가 내 규례를 지켜 행할지라." 새 언약의 핵심이 '굳은 마음을 제거하고 부드러운 마음을 준다'는 것입니다. 그런데 굳은 마음을 제거하고 부드러운 새 마음으로 바꾸기 위해서는 중생이 필요합니다. 그것은 내 힘으로 가능한 일이 아니기 때문입니다. 다시 태어나야 가능합니다. 굳은 마음을 가지고는, 부패한 마음을 가지고는, 하나님과 지속적으로 사랑을 나누면서 살아갈 수가 없습니다. 새로운 삶의 시작은 굳은 마음을 제거하고 부드러운 마음으로 바꾸는 일에서 시작됩니다. 그것은 다시 태어나는 일에서 가능합니다. 그렇기에 중생이 기독교의 관문이라고, 즉 기독교인이 되는 출발점이라고 말합니다.

  중생을 잘 이해하지 못하면, 니고데모와 같이, 인간적으로 어떻게 다시 태어날 수 있는지 어렵게 느껴질 수 있습니다. 하나님이 계획하신 중생은 외적인 모양의 변화가 아니라, 내적인 심성의 변화, 마음의 변화입니다. 그런데 마음을 변화시킨다는 것은, 이전의 굳은 마음을 완전히 새롭게 교체하는 것입니다. 현대 의학과 학문이 아직 마음이 어디 있는지도 찾지 못했는데, 세상의 어떤 의사가 마음을 새롭게 교체하여 줄 수 있을까요? 그것은 창조주이신 하나님밖에 할 수 없는 일입니다. 예수께서 이 땅에 오셔서 십자가에 못 박히신 것은 하나님께서 우리를 사랑하신다는 것을 확증하시기 위함이고, 그 사랑을 우리가 누릴 수 있도록 하기 위함이었습니다. 그런데 부패한 마음을 가지고는 순간적으로 또는 일회적으로밖에 누릴 수 없습니다. 그래서 하나님은 부패한 마음을 새로운 마음으로 완전히 교체해 주시기로 작정하신 것입니다.

산고의 대가

"모든 지킬 만한 것 중에 더욱 네 마음을 지키라 생명의 근원이 이에서 남이니라"(잠 4:23). 성경은 무엇보다 마음을 지키는 것이 중요하다고 강조합니다. 그것은 생명의 근원이 마음에서 나기 때문입니다. 그러므로 마음을 바꾸어 주시겠다는 것은, 결국 다시 태어나게 해 주시겠다는 약속이기도 합니다. 그런데 한 가지 생각해 볼 것은, 한 생명이 태어나기 위해서는 부모님이 산고의 대가를 치러야 합니다.

그렇다면 우리를 중생시키기 위해 그 대가를 치러야 하는 부모는 누구입니까? 바로 하나님이 우리를 다시 태어나게 하시는 부모가 되십니다. 우리를 다시 태어나도록 하시기 위해 부모이신 하나님은 산고를 치르셔야 했습니다. 하나님은 십자가를 바라보시며 아파하시고 힘들어하셨습니다. 어떤 부모는 아이를 낳다가 죽기도 합니다. 예수님도 우리를 다시 태어나게 하기 위해 직접 죽어 주셨습니다. 이와 같이 다시 태어나게 하는 능력은 하나님께 있기 때문에 우리는 이것을 믿고 받아들이기만 하면 다시 태어날 수 있습니다. 예수님께서 니고데모와의 대화에서, '물과 성령'으로 거듭나야 한다고 말씀하신 것도, 중생의 방법이 우리에게 있는 것이 아니라, 물과 성령에게 있다는 것을 강조하는 말씀입니다.

그분이 나를 다시 새롭게 하심

그런데 한 가지 주목해야 할 것은 '다시'라는 단어입니다. '다시'라는 헬라어 단어에는 '팔린(πάλιν)'과 '아노텐(ἄνωθεν)'이라는 두 가지 단어가 있습니다. '팔린'과 '아노텐'은 둘 다 다시 반복하는 행동을 의미합니다. 그런데 두 단어가 다른 것이 있습니다. '팔린'은 전에 했던 행위를 다시 반복하는 것만을 의미하는 것에 반해, '아노텐'은 처음에 했던 존재가 다시 그 일을 반복하는 것을 의미합니다. 예를 들면, 모나리자 그림이 있습니다. 그것은 레오나르도 다빈치가 그린 것입니다. 레오나르도 다빈치가 모나리자를 그린 이후에 다른 사람들이 모나리자 그림을 반복해서 그리는 것은 '팔린'이라고 합니다. 그런데 '아노텐'은 원래 그림을 그렸던 레오나르도 다빈치가 다시 모나리자 그림을 그리는 것을 의미하는 것입니다.

요한복음 3장에서 '다시'라는 단어는 '팔린'을 쓰지 않고 '아노텐'을 사용하였습니다. '아노텐'이라는 단어를 썼다는 것은, 다른 사람이 반복한 것이 아니라, 하나님이 다시 반복했다는 것을 의미합니다. 그렇기에 요한복음 3장에 나타나는 중생의 의미는 '사람이 다시 태어나는 데 있어서, 그 사람 스스로 다시 태어나는 것이 아니라, 그 사람을 처음 만드신 하나님이 다시 태어나게 하시는 것'이라는 뜻입니다. 레오나르도 다빈치가 모나리자를 다시 그리듯이, 처음에 우리를 만드셨던 하나님께서 이 땅에 오셔서 우리를 다시 태어나게 하실 것이라는 뜻입니다. 그렇기에 중생은 철저히 하나님께서 하시는 일이 됩니다. 내 힘으로 다시 태어나는 것이 아니라, 그분이 다시 오셔서 나를 새롭게 하시는 것입니다. 이 얼마나 놀라운 일입니까!

십자가와 온전한 사랑이라는 주제를 묵상하면서 십자가와 사랑에 관한 대표적인 성경 구절을 찾다 보니, 로마서 5장 8절과 요한복음 3장 16절의 말씀이 더욱 깊이 와 닿았습니다. 저는 전도자이고 신학자이기 때문에 이 구절들을 많이 가르치기도 하고, 또한 요한복음 3장의 니고데모의 이야기를 통해서 복음을 전하며 초청한 적도 많았습니다. 그런데 이 말씀들이 구약과 연결이 되면서 왜 우리를 다시 태어나게 하셨는지, 왜 우리의 마음을 바꾸시기 원하시는 해석이 되면서 하나님께 너무 감사했습니다.

우리의 부패한 마음으로는, 그리고 타락한 습성으로는 하나님을 지속적으로 사랑할 수 없습니다. 그런데 우리는 하나님의 완전한 사랑이 없으면 모든 것이 끝나버리고 맙니다. 죽음을 맞이할 때, 영원한 형벌에 빠질 수밖에 없는 것입니다. 하나님이 얼마나 고민하셨을까요? 그래서 하나님께서는 우리를 다시 태어나게 하시기로 작정하신 것이지요. 그러나 그 능력은 우리에게 있는 것이 아닙니다. 우리를 다시 태어나게 하기 위해서는 부모의 고통이 필요하고 부모의 능력이 필요한 것입니다. 그래서 하나님은 그 아들을 십자가에 내어주신 것입니다.

사랑의 흔적

왜 니고데모는 밤중에 예수님을 찾아왔을까요? 그는 백성들을 신앙으로 이끌어 가는 종교 지도자였습니다. 다양한 지식이 있었고, 나름대로 신앙심도 투철한 사람이었습니다. 날마다 성경을 가르치고, 날마다 백성들을 하나님께서 원하시는 대로 이끌어 간다고 했지만, 채워지지 않는 부분이 있었습니다. 바로 마음속에 있는 하나님 사랑의 흔적입니다. 그런데 나사렛 예수라고 하는 사람의 소문이 들려옵니다. 그 예수가 말씀을 선포하는 곳에는 기쁨이 있고, 사역하는 곳에는 소망이 생겨난다는 것입니다. 나사렛 예수를 통해 사람들이 변화되고, 회복되고, 하나님의 역사가 일어난다는 것이었습니다. 니고데모도 성경을 가르치고 사람들을 지도하지만, 반복되는 가르침 속에서 별다른 열매가 없었을 것입니다. 그런데 나사렛 예수가 있는 곳에는 놀라운 사랑의 변화와 회복이 있다는 소식을 듣게 되었습니다. 니고데모는 나사렛 예수에게 '무엇인가 있는 것이 아닐까?' 하는 마음에 예수님을 찾아간 것 같습니다. 니고데모의 마음속에 있는 하나님 사랑의 흔적이 그를 예수께로 이끌었던 것입니다.

예수님은 밤중에 자신을 찾아온 니고데모에게 중생의 비밀을 말씀해 주셨습니다. 그것은 바로 다시 태어나야 한다는 것이었습니다. 다시 태어나면, 지속적으로 하나님을 사랑할 수 있는 존재로 바뀔 수 있다는 것입니다. 그런데 니고데모는 그 말을 이해하지 못했습니다. 그러자 예수님은 핵심을 말씀해 주십니다. "하나님이 세상을 이처럼 사랑하사 독생자를 주셨으니 이는 그를 믿는 자마다 멸망하지 않고 영생을 얻게 하려 하심이니라"(요 3:16). 이 말씀은 하나님으로 시작해서 생명(영생)으로 끝나고 있습니다. 하나님이 생명이시고 영생이시며, 그 생명과 영생의 근원이신 하나님이 믿는 자에게 생명, 곧 영생을 주신다는 것입니다.

예수님께서 니고데모에게 요한복음 3장 16절을 말씀해 주셨을 때, 그 말씀에는 이런 의미가 있습니다. '너를 죽기까지 사랑하셔서 영생을 주시는 그분을 믿으라. 그분을 의지하라. 삶이 산산조각이 나고 회복이 불가능해 보여도 괜찮다. 왜냐하면 하나님께서는 세상을 이처럼 사랑하시는 분이시기 때문이다.' 하나님은 사랑으로 충만한 분이시기 때문에, 우리에게 무한한 사랑을 부어주셔도 부족함이 없습니다. 사랑이 바닥나지 않습니다. 하나님은 영원을 사시는 분이시기 때문에, 수천 년 전에 세상을 위해 자신의 능력을 보이시며 역사하셨더라도, 오늘 이 시간에도 역사하실 수 있습니다. 때로는 '나는 죄 덩어리인데, 하나님 앞에 가까이 나가면 그분을 오염시키지 않을까?' 이런 생각을 할 수도 있습니다. 괜한 걱정입니다. 하나님은 죄가 없는 분이시기 때문에, 그 죄를 드러내어 처리해 주십니다. 그러한 능력을 가지고 계신 분입니다.

두려워하지 말라

요한복음 3장 16절을 기초로 여러분에게 드리고 싶은 이야기가 있습니다. 왜 하나님은 그 아들을 십자가에 내주시는 고통을 감수하면서 까지, 우리를 중생으로 이끌어 가시는 것일까요? 그것은 바로 우리 안에 하나님의 사랑이 채워지지 않고, 그 사랑이 유지되지 않으면 인생은 실패하기 때문입니다. 왜 실패할까요? 사랑이 결핍되면 곧바로 나타나는 증상들이 있습니다. 분노, 집착, 미움, 불안, 외로움, 염려, 갈등, 근심, 질투, 공허 등이 바로 그것입니다. 그런데 이 모든 것의 근원이 있습니다. 그것은 바로 두려움입니다. 어린아이를 생각해 봅시다. 어린아이는 부모의 품에서는 잘 웃고 잘 먹고 잘 지냅니다. 그런데 다른 사람에게 가면 못 보던 사람이니까 낯을 가립니다. 낯을 가린다는 것은 두렵다는 의미입니다. 사랑이 결핍되면 가장 첫 번째로 느끼는 것은 두려움이고, 두려움이 우리 안에 지속되면 마음이 점점 굳어집니다. 그리고 마음이 굳어져 가면서 염려와 근심과 분노와 조절 장애와 같은 것들이 나타나게 됩니다. 그래서 부활하신 예수께서 제자들에게 나타나셔서 가장 먼저 하신 말씀이 '두려워하지 말라'는 것이었습니다.

제가 2000년대 초반, 캐나다 밴쿠버에서 열릴 십자가 집회를 준비하던 기간에 일어났던 일입니다. 특별히 밴쿠버 집회는 목회자들을 대상으로 하는 집회였기 때문에 기도로 더욱 준비해서 가야겠다고 생각했습니다. 그런데 당시 학기 중이었기 때문에, 바빠서 기도에 집중하지 못했습니다. 그러다가 집회를 한 달 앞두고 갑자기 한쪽 귀가 안 들리기 시작했습니다. 어느 주일 오후, 말씀을 전하기 위해 대전으로 기차를 타고 내려가고 있었는데, 갑자기 귀에서 '띠-' 하는 소리가 들리기 시작하더니, 점점 소리가 더 안 들리는 것입니다. 말씀은 전해야 하는데 귀가 들리지 않아 너무 당황한 나머지, '하나님, 귀가 안 들리더라도 말씀은 전하고 안 들리게 해 주세요.' 이렇게 기도했습니다. 그런데 정말 기도대로 말씀을 전할 때는 괜찮아졌다가 기차를 타고 서울로 올라가는데 다시 한쪽 귀가 들리지 않는 것이었습니다.

계속 한쪽 귀가 들리지 않아 결국 병원에 갔는데, '돌발성 난청'이라는 진단을 받았습니다. 오늘날 현대인들이 스트레스와 여러 가지 이유로 가장 많이 걸리는 질병 중의 하나가 돌발성 난청이라고 합니다. 그런데 이 병은 스테로이드제 주사를 몇 번 놔주는 것밖에 다른 치료가 없고, 안정을 취하며 기다려야 한다는 것입니다. 제가 "무슨 현대 의학이 그 원인도 알지 못합니까?"라고 물었더니, 의사 선생님은 아직 의학적으로 귀와 뇌 사이의 연결고리가 밝혀지지 않았기 때문에 특별한 치료 방법을 찾지 못하고 있다고 답해주었습니다. 그래서 스테로이드제 주사를 놓고 기다렸다가 다시 소리가 들리면 다행이고, 소리가 들리지 않으면 안 들리는 귀와 함께 친구처럼 살아야 한다고 말해주었습니다.

저는 하나님께 기도하기 시작했습니다. '하나님, 저 좀 고쳐주세요. 저 지금 캐나다에 가야 하는데 집회를 취소할 수도 없고, 한쪽 귀가 들리지 않으면 어떻게 집회를 인도합니까?' 그렇게 두렵고 막막한 마음으로 3, 4일을 기도했지만, 소리도 들리지 않고 마음이 진정되지 않았습니다. 그런데 3, 4일이 지나자 낙담되기 시작했습니다. 그러다가 인터넷 검색을 통해 돌발성 난청을 전문적으로 치료하는 한의원이 있다고 해서 전화하고 방문하게 되었습니다. 그런데 의사 선생님께서 갑자기 코에다 솜뭉치를 쑥 집어넣는 것이었습니다. 너무 깊숙이 넣어서 고통이 심했습니다. 그래서 제가 왜 이렇게 하느냐고 여쭈었더니, 귀와 코가 연결되어 있기 때문에 같이 고쳐야 된다는 것이었습니다. 의사 선생님은 자신이 시키는 방법대로 따라 해야 한다고 말씀하셨습니다. 그분의 처방은 '나는 나을 수 있다. 회복될 것이다.'라는 생각을 가지고 치료에 임해야 한다고 말씀하셨습니다.

이미 말씀드린 바와 같이 귀와 뇌는 연결되어 있는데, 현대의 의학으로는 아직 그 관계를 밝히지는 못했습니다. 그런데 그 한의사 선생님의 말씀으로는, 뇌는 민감한데, 귀가 들리지 않으면 사람은 두려움을 느끼게 된다고 합니다. 그런데 그 두려움을 물리치지 않고, 계속 두려워하게 되면, 뇌는 그 두려운 상태가 원래의 상태인 줄 알고, 그것을 정상으로 인지한다는 것이었습니다. 그렇기 때문에 두려운 상태가 원래 상태가 아니라는 것을 뇌에게 가르쳐 주기 위해, '괜찮아, 나을 수 있어'라는 생각으로 마음을 다스리며, 그것이 뇌에 반복적이고 지속적으로 전달되다 보면 귀가 정상으로 돌아올 수 있다는 것이었습니다. 그러나 한방적인 치료와 같이할 때, 예방 효과도 있고 실제적인 치료도 가능하다고 말씀하셨습니다.

그 의사 선생님께서 기독교인인지는 모르겠지만, 하나님께서 의사 선생님을 통해 저에게 사인을 주신다는 것을 느낄 수 있었습니다. 하나님께서는 제가 지속적으로 기도하기를 원하셨던 것입니다. 우리는 기도할 때 마음이 안정될 수 있고, 기도할 때 하나님이 고쳐주신다는 확신을 하게 됩니다. 그런데 그 의사 선생님의 말씀을 들으면서, 그 사실을 다시 떠올리게 되었던 것입니다. 그래서 하나님께 무릎을 꿇고, '하나님, 마음에 안정을 주시고, 고칠 수 있다는 확신을 주시며, 그 안에서 믿음으로 나갈 수 있도록 도와주세요.'라고 기도하기 시작했습니다. 그리고 '괜찮다, 괜찮다, 하나님이 낫게 하실 것이다.'라며 뇌에게 사인을 주었습니다.

그 의사는 암시적으로 뇌에게 괜찮다고 이야기하라는 것이지만, 우리에게는 더 강력한 힘이 있습니다. 그것은 하나님입니다. 그렇기에 하나님께서 낫게 하실 거라는 사실을 믿음으로 받아들일 수 있습니다. 그렇게 기도하면서 일주일이 지나자 귀가 조금씩 나아지기 시작했습니다. 그리고 보름이 지나니까, 완전히 치료되었습니다. 지금도 가끔 너무 피곤하거나 스트레스가 있을 때 귀에서 '띠-' 하면서 신호 올 때가 있습니다. 그러나 이제는 더는 두려워하지 않습니다. 두려움이 몰려오기 시작하면 더 두려워지고, 더 두려워지면 영원히 안 들릴 수 있기 때문입니다. 그래서 '띠-' 하고 증상이 나타나기 시작하면, '괜찮아, 잠시 피곤했구나. 하나님이 주시는 사인이야. 이때는 하나님을 붙잡아야 해'라고 생각하며 기도합니다. 물론 모든 귀에 관한 병이 이러한 방법으로 나을 수 있는 것은 아니지만, 제 경험 안에서 어떻게 하나님을 통하여 두려움을 몰아내고 완치할 수 있었는가를 나눈 것입니다.

내 연약한 육체는 '띠-' 하는 신호로 두려움을 주지만, 하나님은 그 두려움을 몰아내시는 분이십니다. 육체의 질병도 문제이지만, 두려운 마음의 상태가 그것을 더욱 악화시킨다는 것을 알게 되었습니다. 성경은 두려움이 우리 안에 있으면 우리의 마음을 점차 굳어지게 만든다고 이야기합니다. 그래서 하나님 앞에 어떠한 반응도

하지 못하게 만듭니다. 마음이 굳어졌기 때문에 목이 곧은 백성이 되는 것입니다. 이 모든 것이 두려움에서 오는 것입니다.

사랑으로 물리치는 두려움

프랑스 테제 공동체의 알로이스 원장 수사가 2018년 한국을 방문하여 인터뷰한 동영상이 있습니다. 이 테제 공동체는 전 세계 그리스도인의 화해와 일치를 상징하는 곳입니다. 알로이스 원장 수사는 이 동영상에서 두려움에 대해 이야기합니다. "그리스도인이라면 타인에 대한 두려움을 극복하고, 모든 인류를 사랑하신 예수를 따라 서로의 다름을 더 잘 받아들여야 한다"고 하였습니다. 낯선 사람을 보면 두려움을 느낄 수 있지만 예수님처럼 두려움을 극복하고 그들을 환대하며 친구가 되는 것이 진정한 그리스도인의 삶이라고 하였습니다. 이 영상을 보면서, '한평생 기도하며 자신의 삶을 헌신하여 하나님 앞에 머물러 산 사람이기에, 기독교의 핵심을 꿰뚫고 그것을 가는 곳마다 전하고 있구나'라는 사실을 깨달을 수 있었습니다. 누군가를 만나 이야기를 들어주고, 인정해 주고, 환대하는 것은 모두 사랑하는 마음에서 우러나옵니다. 사람의 모든 문제는 두려움에서 시작되기에, 그것은 사랑의 환대를 통해서 치유될 수 있다는 것입니다.

유튜브에 이 영상이 있는데, 혹시 영상의 앞부분만 보고 정치적으로 이해하거나 해석하지 않았으면 좋겠습니다. 알로이스 수사가 한국을 방문하였을 때, 한국의 여러 상황을 보면서, 한국이 굉장히 분열되어 있다고 느낀 것입니다. 그래서 한국의 기독교인들에게 하나님이 원하시는 것은 '화해'라고 강조하였습니다. 한쪽에서는 '저것이 잘 될까?' 생각하고, 한쪽에서는 '저것은 반드시 해야 해!'라며 대립하고 있지만, 강력하게 자신의 주장을 말하는 사람들 안에도 두려움이 있습니다. 하나님은 그 두려움을 없애고 화해하기 원하십니다. 이념적으로 멀리 나누어져 있어 화해의 길이 멀 수 있지만, 사람 안에 있는 두려움으로는 어떤 문제도 해결될 수 없고, 이것이 고착화가 되면 더욱 바꾸기 어렵다고 조언하였습니다. 그렇기에 사랑으로 두려움을 물리쳐야 한다고 강조한 것이지요.

이스라엘 백성들은 출애굽을 하는 과정에서 놀라운 하나님의 역사를 경험하였지만, 모세가 하나님을 만나러 시내 산에 올라가 자리를 비우게 되자, 그들은 두려움에 사로잡히게 되었습니다. 이스라엘 백성들은 모세의 빈자리에 어떤 것으로든지 채워야 했습니다. 그래서 그것을 채우기 위해 그들이 선택한 것은 바로 금송아지였습니다. 사람들의 마음 안에 두려움이 몰려들면, 그들은 세상적인 것들을 가지고 그 두려움을 해결하려고 합니다. 그러나 하나님이 아닌 어떤 것도 우리의 두려움을 사라지게 할 수 없습니다. 그래서 결국은 두려움 때문에 마음이 굳어지고, 목이 곧은 백성이 되는 것입니다.

오늘도 우리는 이스라엘처럼 금송아지를 만들고 있는지 모릅니다. 홍청망청 배부르게 먹고, 지갑이 바닥이 날 정도로 쇼핑을 하며, 주당 80시간씩 근무하는 상황에서 영적인 사랑과 길을 잃어버릴 수 있습니다. 그러므로 우리는 하나님을 섬기지만, 여전히 하나님이 주시는 사랑을 외면한 채, 두려움에 시달릴 수 있습니다. 하나님을 신뢰하는 것 같지만, 무슨 일이 닥쳐오기만 하면 순식간에 두려움에 휩싸이게 됩니다. 모세가 며칠 동안 보이지 않는다고 혼돈에 빠졌던 이스라엘처럼, 두려움에 사로잡혀 인간적으로, 그리고 세상적으로 문제를 해결하려고 합니다.

사랑의 영향력

바울 사도는 에베소서에서 "그러므로 내가 이것을 말하며 주 안에서 증언하노니 이제부터 너희는 이방인이 그 마음의 허망한 것으로 행함 같이 행하지 말라 그들의 총명이 어두워지고 그들 가운데 있는 무지함과 그들의 마음이 굳어짐으로 말미암아 하나님의 생명에서 떠나 있도다"(엡 4:17-18)라고 이야기합니다. 이스라엘이 금송아지를 만든 것처럼, 두려움이 몰려올 때 하나님을 찾지 않고 하나님의 사랑으로 무장되지 않으면, 이방인들처럼 마음이 허망해져서 헛된 일을 하게 됩니다. 두려움으로 마음이 굳어져서 불평과 원망과 걱정과 분노와 시기와 질투와 같은 것들이 한꺼번에 밀려오기 시작합니다.

이러한 불평과 원망과 걱정과 분노와 두려움을 치유할 수 있는 것은 사랑입니다. 사랑을 받으면 관계가 회복되고 치유됩니다. 우리는 마음이 완악하고 목이 곧아 있지만, 그래서 어려움이 많은 세상 속에 힘들게 살기도 하지만, 그것을 치유하고 회복하는 방법은 오직 사랑밖에 없습니다. 예수님은 니고데모 안에 있는 두려움을 보셨고, 사랑의 흔적에 끌려서 예수님을 찾아온 것도 아셨습니다. 그래서 니고데모를 궁극적으로 치료할 수 있는 방법은 다시 태어나는 일이며, 그 중생의 핵심은 사랑이라고 말씀해 주신 것입니다. 니고데모에게 십자가와 온전한 사랑의 비밀을 가르쳐 주신 것입니다.

요한복음 3장 16절에서 하나님이 세상을 이처럼 사랑하신다고 하실 때, '이처럼'이라는 것은 얼마만큼일까요? 그 사랑은 십자가에 아들을 내주시기까지 한 사랑입니다. 우리는 도우실 수 있는 하나님을 피해 도망가지만, 하나님은 우리를 포기하지 않으십니다. 하나님은 끝까지 사랑하십니다. 그러므로 깨달아야 할 것이 있습니다. 마음이 굳어지고 목이 곧아질 때, 하나님의 선하심을 떠올리십시오. 하나님의 선하심은 사랑을 기반으로 한 선하심이라는 것을 기억해야 합니다. 그때 우리 안에 두려움이 사라질 수 있습니다. 갑자기 두려움이 몰려온다면 그것은 위기입니다. 그때 그 두려움을 내버려 두면 마음이 굳어지고 굳어진 마음에서 온갖 나쁜 것들이 나올 수 있습니다. 그래서 이 사실을 아시는 예수님은 만나는 사람마다 '두려워하지 말라'고 말씀하셨습니다.

어린 양이 길을 잃고 헤매다가 낭떠러지에 매달리게 되었습니다. 지금 떨어질 것 같아 바둥거리고 있는데, 너무나 두려워서 떨고만 있습니다. 그런데 선한 목자 되신 예수님이 그 양을 구하기 위해 손을 내밀고 계십니다. 손만 내미실 뿐만 아니라 우리를 구하기 위해서 당신 자신을 십자가에 내놓으신 것입니다. 그리고 지금 당신을 찾아오셔서 두려워하지 말라고 말씀하십니다.

밧줄로 잡아맨 사랑

니고데모는 자기의 신분적인 위치, 자기의 자존심을 다 내려놓고 예수님을 찾아갔습니다. 재물도 있고, 명예도 있고, 지위도 있었지만, 어느 것도 마음의 갈급함을 채울 수 없었기 때문입니다. 그 갈급함의 원인이 사랑이라는 것을 몰랐기 때문입니다. 세상이 자랑하는 것을 모두 다 갖추고 있어도 하나님이 채우셔야 할 부분이 채워지지 않았기 때문에 니고데모는 예수님을 찾아갈 수밖에 없었던 것입니다. 예수님은 그런 니고데모를 사랑하셔서 기독교의 핵심을 말씀해 주신 것입니다.

너무나도 덕망이 높은 사람이 한 사람을 사랑하는데, 어느 정도로 사랑하는가 하면 자기 아들의 목숨을 내줄 정도로 이 사람을 사랑하는 것입니다. 이때 주변의 사람들은 "저 사람은 누구인데, 저렇게 훌륭한 분이 아들의 목숨을 내줄 정도로 사랑하는 거야?"라고 생각하지 않을까요? 그런데 그 사랑을 받는 대상이 바로 "나"입니다. 신명기 10장 15절 말씀은 유대인들이 굉장히 중요하게 생각하는 구절입니다. "여호와께서 오직 네 열조를 기뻐하시고 그들을 사랑하사 그 후손 너희를 만민 중에서 택하셨음이 오늘날과 같으니라." 이 말씀에서 유대인들은 하나님의 사랑을 '밧줄로 잡아맨 사랑'이라고 표현했습니다. 실제로 이스라엘 사람들은 하나님이 이스라엘을 밧줄로 잡아매셔서 사랑하셨다고 이해했기 때문입니다. 이 말씀에서 '사랑'이라고 표현된 '하사크(חָשַׁק)'가 바로 밧줄로 잡아맨 사랑이라는 의미를 갖고 있습니다. 다시 말하면 속박된 사랑입니다.

'하사크'라는 단어는 엄마가 어린아이를 포대기에 싸서 매고 다니는 모습을 떠올리게 합니다. 포대기에는 두 가지 기능이 있습니다. 하나는 아기가 말썽을 피울 때 잡아당기는 기능이 있고, 또 하나는 이 아이가 사랑하는 내 아이라는 것을 사람들에게 알릴 수 있는 기능이 있습니다. 이스라엘 사람들은 '하사크'라는 단어를 사용해서 하나님의 속박된 사랑을 표현했습니다. 우리가 말썽을 피울 때마다 포대기의 줄을 잡아당기기도 하시고, 내 아이라는 것을 확인시키기 위해 줄을 잡아당기기도 하시는 것입니다. 그렇게 우리를 사랑하시는 것입니다.

그런데 이렇게 포대기의 줄을 잡아당기는 것은 하나님과 더 밀착시키는 역할을 합니다. 내 멋대로, 내 뜻대로 사는 사람을 하나님이 줄을 잡아당기시며 경고를 보내는 경우가 있을 수도 있습니다. 그런데 하나님의 경고이긴 하지만 줄을 잡아당겼기 때문에 하나님과 더 밀착되는 것입니다. 그런 사실을 우리는 모르기 때문에 포대기의 줄을 바짝 잡아당기면 답답하다고 생각할 수 있습니다. 그러나 좀 답답하긴 하지만, 하나님은 우리가 상처받을까 봐 더 밀착시키시기 위해 잡아당기시는 것입니다. 하나님이 이스라엘을 끈으로 묶으신 것은, 그들이 사랑스럽기 때문에 그렇게 한 것이 아니라, 사랑하셨기 때문에 그렇게 하신 것입니다. 그리고 그들이 속을 썩여도 그들을 내보내지 않기 위해 속박하시는 것입니다. 이것이 진정한 사랑입니다.

하나님은 당신의 한 손과 하나님의 한 손에 수갑을 채우셨습니다. 하나밖에 없는 수갑의 열쇠는 하나님이 가지고 계십니다. 그래서 사랑을 얻으려고 애쓸 필요가 없습니다. 이미 그 사랑을 받고 있기 때문입니다. 그 사랑은 우리가 애써서 얻을 수 있는 것이 아닙니다. 그리고 우리가 잘못했다고 해서 그 사랑을 잃어버리는 것도 아닙니다. 어쩌면 답답하다고 느끼실 수 있을 것입니다. 애교를 부리고 잘한다고 사랑을 얻을 수 있는 것도 아니고, 잘못했다고 해서 사랑을 끊어버리고 나갈 수 있는 것도 아니기 때문에 답답하게 느껴질 수 있습니다. 그러나 어차피 속박되어서 끝까지 가야 하는데, 차라리 사랑을 누리십시오. 그 사랑을 받아들이고 깊게 누리시길 바랍니다.

십자가에서 이룬 평안을 주세요

하나님은 베들레헴 산골 처녀의 뱃속에 들어가 계셨습니다. 왜냐하면 우리를 사랑하시기 때문입니다. 하나님께서는 하늘의 보좌를 버리시고 목수의 작업장에 가셨습니다. 우리를 사랑하시기 때문입니다. 사랑은 그분께서 왜 이 땅에 오셨는지를 우리에게 설명해 주고 계십니다. 사람이 아무리 선해도 그 선함으로 하나님의 사랑을 얻을 수 없고, 마찬가지로 사람이 아무리 악해도 그 악함 때문에 하나님의 사랑을 잃지 않습니다. 그러나 그 사랑에 저항할 수는 있습니다. 그리고 사실 우리는 그런 경향이 많이 있습니다. 그러나 하나님 앞에 저항하는 이유는, 하나님에 대한 불신보다도, 내 안에 있는 두려움 때문에 그렇게 하는 경우가 많습니다. 그래서 두려움이 밀려올 때, 하나님의 사랑에 저항하지 말고, 하나님께 따지지 말고, 기도하십시오. '하나님, 제 마음에 평안을 주세요. 십자가에서 이룬 평안을 주세요. 하나님, 내 안에 하나님의 사랑으로 채워주세요. 이 두려움이 사라질 수 있도록 도와주세요.'

하나님 앞에 무릎 꿇고 기도하면, 하나님께서 회복시키실 수 있습니다. 하나님께서 우리를 어루만지실 때, 피하지 말고 가만히 있으십시오. 애교를 부린다고 사랑을 얻을 수 있는 것도 아니고, 실패자가 된다고 해서 그 사랑을 잃을 수 있는 것도 아닙니다. 그러나 두려움 때문에 사랑을 거부할 수는 있습니다. 무서운 곳에 가야지만 무섭고, 두려운 상황이 몰려와야지만 두려운 것이 아닙니다. 우리 안에 걱정이 있다는 것은 두려움이 있다는 것입니다. 근심과 걱정과 염려가 있다는 것은 두렵다는 것입니다. 마음속에 무엇인가 안정이 되어 있지 않은 것은 두려움이 있다는 것입니다. 그 두려움을 물리칠 수 있는 길은 주님을 만나 회복하는 길밖에 없습니다.

그러니 하나님의 사랑을 거부하지 마십시오. 세상은 나를 조롱할지 몰라도 하나님은 나를 포기하지 않으십니다.

  요한복음 3장 16절에서 '믿는 자들은 멸망하지 않는다'고 말할 때, 멸망이라는 것이 궁극적으로는 믿지 않으면 죽어서 지옥에 간다는 의미이지만, 그것만을 말하는 것이 아닙니다. 멸망으로 가는 징조가 있습니다. 조짐이 있습니다. 불평하고, 근심하고, 혼란스럽고, 미워하고, 시기하는 것들이 다 멸망의 조짐들입니다. 그런데 세상을 사랑하셔서 독생자 아들까지 내주신 하나님을 믿기만 하면 멸망에서 건짐을 받을 수 있습니다. 하나님은 절대적인 마음의 평안을 주실 수 있습니다. 우리는 그 평안을 누리기만 하면 됩니다.

    하나님은 너를 지키시는 자
    너의 우편에 그늘 되시니
    낮의 해와 밤에 달도
    너를 해치 못하리

    하나님은 너를 지키시는 자
    너의 환란을 면케 하시니
    그가 너를 지키시리라
    너의 출입을 지키시리라

눈을 들어 산을 보아라
너의 도움 어디서 오나
천지 지으신 너를 만드신
여호와께로다

3장

하나님의 사랑과 물과 성령

예수께서 대답하시되 진실로 진실로 네게 이르노니 사람이 물과 성령으로 나지 아니하면 하나님의 나라에 들어갈 수 없느니라(요 3:5)

사랑에 반응하지 못하는 이유

유튜브에 보면, '하나님의 러브 레터'라는 4분 18초짜리 영상이 있습니다. 그 영상은 "사랑하는 내 딸, 아들에게"로 시작합니다. 여기에는 성경에 나와 있는 하나님의 사랑, 고백들에 관한 구절로 가득 채워져 있습니다. 하나님은 우리의 머리털까지 다 세고 계시며, 우리를 하나님의 형상대로 존귀하게 만드셨다고 합니다. 또한 하나님은 창세 전에 우리를 택하셨고, 우리는 우연하게 만들어진 존재가 아니라, 하나님의 계획 안에서 지음받은 특별한 존재라고 합니다. 하나님은 우리와 늘 함께하시는 완전한 사랑이시며, 이 사랑을 우리에게 아낌없이 주시길 바라십니다. 그렇기에 하나님을 간절히 찾고 가까이 나아오면, 우리의 모든 눈물과 아픔을 씻어 주신다는 것을 강조합니다. 그런데 하나님은 우리에 대한 사랑을 예수님의 십자가에서 아낌없이 보여주셨으며, 그래서 예수님을 받아들이는 것이 곧 하나님을 받아들이는 것이라고 말합니다. 그리고 마지막으로, 우리를 영원히, 끝까지 사랑한다는 고백으로 영상이 끝이 납니다.

 이 영상이 담고 있는 핵심은 하나님의 끝없는 사랑과 온전한 사랑입니다. 그런데 하나님께서는 십자가에서 당신의 아들을 내주심으로 자신의 사랑을 확증해 주셨는데도, 우리는 그 사랑을 받아들이지 못합니다. 우리 마음에 왜 그 사랑이 실제적으로 와 닿지 않는 것일까요? 우리마음에 왜 사랑이 가득 넘쳐 흐르지 못하는 것일까요? 그것은 바로 죄된 인간의 상태로는 하나님과 소통할 수 없으므로, 하나님께서 우리를 위하여 하신 일들을 알지도 못하고 받아들이지도 못하기 때문입니다. 그래서 하나님은 중생을 계획하셨습니다. 완전히 새롭게 다시 태어날 수 있도록 해 주신 것입니다. 우리 인생에 새로운 시작을 준비해 주신 것입니다.

 이처럼 중생은 기독교에서 매우 중요한 주제입니다. 기독교 안으로 들어오는 출발점이 중생이기 때문입니다. 그런데 하나님의 사랑 안에서 중생을 경험했는데도 불구하고, 왜 현실의 삶에서 하나님의 사랑이 실제적으로 느껴지지 않는가? 하는 것은 또 다른 문제입니다. 결론적으로 말하자면, 무엇인가 매뉴얼대로 작동되지 않았기 때문입니다. 간단한 예를 들어보겠습니다. 제가 컴퓨터에 새로운 장치를 연결했습니다. 그런데 장치가 제대로 작동하지 않는다면, 왜 그럴까요? 장치만 연결한다고 해서 작동하는 것이 아니기 때문입니다. 매뉴얼대로 장치도 연결해야 하고, 프로그램도 깔아야 합니다. 그래야 새로운 장치가 제대로 작동할 수 있습니다.

하나님은 십자가를 통해 당신의 사랑을 확증해 주셨고, 우리의 연약함의 문제도 해결해 주셨습니다. 그러면 이제는 더는 죄를 짓지 않고 하나님의 뜻대로 온전하게 살아가야 하는데 그렇게 살아가지 못할 때가 있습니다. 무엇인가 문제가 있는 것입니다. 그것은 하나님 편에서 발생한 문제가 아닙니다. 하나님은 예수 그리스도의 십자가를 통하여 온전한 구원을 완성하셨습니다. 그것을 사용하고 누리는 것은 우리의 몫입니다. 사실 저는 컴퓨터를 잘 모릅니다. 그래서 컴퓨터에 문제가 생기면 기술자를 부릅니다. 그러면 기술자는 문제가 무엇인지 파악하고 잘 고쳐 놓습니다. 고치고난 후에는 컴퓨터가 제대로 작동합니다.

사랑의 작동 방법

우리의 새로운 마음이 하나님의 사랑에 제대로 반응하지 못하는 이유도 마찬가지입니다. 성경에 나와 있는 매뉴얼대로 하지 않았기 때문입니다. 하나님께서는 우리의 마음을 새롭게 바꿔 놓으셨을 뿐만 아니라, 새로운 마음이 작동하는 방법을 성경에 기록해 주셨습니다. 요한복음 3장 3-5절의 말씀입니다. "예수께서 대답하여 이르시되 진실로 진실로 네게 이르노니 사람이 거듭나지 아니하면 하나님의 나라를 볼 수 없느니라 니고데모가 이르되 사람이 늙으면 어떻게 날 수 있사옵나이까 두 번째 모태에 들어갔다가 날 수 있사옵나이까 예수께서 대답하시되 진실로 진실로 네게 이르노니 사람이 물과 성령으로 나지 아니하면 하나님의 나라에 들어갈 수 없느니라"

이 말씀을 보면, 중요한 것이 있습니다. '물'과 '성령'입니다. 중생은 물과 성령으로 새로 태어나는 것입니다. 그런데 물과 성령은 우리가 새롭게 태어날 때만 필요한 것이 아닙니다. 물과 성령이라는 두 요소는 그리스도인이 성장하는 데 지속적으로 필요합니다. 새롭게 시작된 우리의 마음이 제 역할을 감당할 수 있으려면, 물과 성령의 역사가 지속적으로 있어야 합니다. 많은 사람이 이것을 놓치곤 합니다. 그러면서 고민합니다. 중생했는데, 하나님의 자녀가 되었는데, 왜 신앙이 성장하지 않는지, 왜 삶이 밑바닥인지 고민하는 것입니다.

그 해답은 바로 여기에 있습니다. 우리가 물과 성령으로 거듭났지만, 거듭난 삶을 지속하며 성장하기 위해서는, 역시 물과 성령이 계속 필요하다는 것입니다. 왜 그렇습니까? 물과 성령이 지닌 의미 때문입니다. 물과 성령이란 요소 중에서, 물은 어떠한 역할을 감당할까요? 물의 역할 중 가장 큰 역할은 무엇일까요? 물의 가장 큰 역할은, 무엇인가 더러움을 씻어 내는 것입니다. 내 마음이 부드러운 마음으로 바뀌었다고 할지라도, 세상을 살다 보면, 그 마음에 또 죄를 짓고, 그 죄는 우리의 마음을 다시 굳은 마음으로 바꾸어 갑니다. 조금이라도 방심하면 일어나는 일들입니다. 그러므로 하나님께서 내 안에 새롭게 주신 부드러운 마음, 새로운 마음은 물로 관리를 해야 합니다, 그래야 하나님께 민감하게 반응할 수 있는 부드러운 마음이 유지되며 하나님의 사랑을 마음껏 누릴 수 있습니다.

창조주와 피조물의 경계선

그리스도인들은 거듭나고도 세상에 살아가며 죄를 짓습니다. 그렇다면 중생하고 나서, 거듭나고 나서 짓는 죄는 어떻게 될까요?

그것은 그냥 없어지는 것이 아닙니다. '기독교는 죄와 싸우는 종교'입니다. 그 이유는 죄 때문에 타락했고, 죄 때문에 하나님과의 관계가 끊어졌기 때문입니다. 이 땅의 모든 아픔과 고통, 문제들이 죄 때문에 들어왔습니다. 그리고 죄 때문에 하나님의 사랑을 느끼지 못합니다.

그런데 그리스도인들은 좀처럼 죄와 잘 싸우는 것 같지 않습니다. 히브리서에 보니, "너희가 죄와 싸우되 아직 피 흘리기까지는 대항하지 아니하고"(히 12:4)라고 기록하고 있습니다. 이 말씀을 뒤집어 보면, 그리스도인들은 피 흘리기까지 죄와 싸워야 한다는 이야기입니다. 제가 생각하기에, 기독교에 가장 중심된 교리를 설명하라고 하면, 죄부터 설명해야 한다고 생각합니다. 왜냐하면 기독교는 죄와 싸우는 종교이기 때문입니다. 그런데 '죄가 무엇입니까?'라고 물어보면, 흔히 선악과를 따먹은 불순종이 죄라고 말합니다. 물론 맞는 말입니다. 그러나 죄의 본질적인 내용은 아닙니다.

죄에 대해서 제대로 알려면 창세기 3장과 로마서 1장을 알아야 합니다. 바울 사도는 창세기 3장을 생각하면서, 로마서 1장 18절부터 죄가 무엇인지 설명하고 있습니다. 그렇다면 창세기 3장에 나타난 죄의 근본적인 의미는 무엇일까요? 창세기 3장을 보면 죄를 이렇게 설명할 수 있습니다. 뱀이 와서 하와를 유혹합니다. "왜 하나님이 동산 중앙에 있는 열매를 따 먹지 못하게 한 줄 아니? 그 열매를 따 먹으면 눈이 밝아져서 하나님처럼 되기 때문이야!" 그런데 유혹은 결핍이 전제되어 있습니다. 무엇인가 결핍되어 있지 않으면 유혹을 받지 않습니다. 다시 말하면 내가 부족한 것이 있는데, 그 부족한 것을 갖고 싶어서 유혹되는 것입니다. 다 가지고 있다면 그것을 가져 보라는 것이 무슨 유혹이 될 수 있을까요?

이렇게 본다면, 창세기 3장에서 뱀이 하와를 유혹했다는 사실이 나오는데, 도대체 어떻게 이것이 유혹이 될 수 있었을까? 하는 의문이 생겨납니다. 그 이유는, 적어도 창세기 1, 2장에서 하나님이 만드신 세상에는 인간이 살아가기에 부족함이 없었다고 볼 수 있기 때문입니다. 하나님은 창조 후, 자신이 만드신 세상을 보시고 보시기에 심히 좋았다고 말씀하기도 하셨습니다. 그런데 그 창조의 세상에 사탄이 교묘하게 틈을 비집고 들어온 것이 있었습니다. 그것은 사람이 하나님의 형상과 모습대로 창조된 사실입니다. 하나님의 형상과 모습대로 창조된 사람은 하나님을 꼭 닮은 존재이지만, 다른 점이 있습니다. 그것은 하나님은 창조주이시고 사람은 피조물이라는 사실입니다. 이것이 하나님과 사람의 경계선입니다. 다시 말하면 아무리 사람이 하나님과 똑같이 닮았다 하더라도, 사람은 창조주가 될 수 없습니다. 사람은 하나님이 될 수 없는 것입니다.

이것이 결핍은 아니지만, 사람이 원한다고 가질 수 있는 것이 아니었습니다. 아니, 뱀이 유혹하기 전에는, 그러한 생각도 해보지 못했을 것입니다. 그런데 뱀은 이 부분을 치고 들어옵니다. '너도 하나님이 될 수 있어!' '하나님과 꼭 닮은 존재인데, 피조물로만 머물러 있을 것이냐?'는 것이지요. '너도 하나님이 될 수 있다'고 유혹한 것입니다. 어떻게 이런 말에 유혹될 수 있을까? 생각할 수 있겠지만, 하와는 선악과를 보는 순간, "먹음직하고 보암직하고 지혜롭게 할 만큼 탐스럽다"고 느끼게 되면서 선악과를 따먹습니다. 선악과를 따먹었다고 하는 것 자체가 불순종이라는 결과를 낳았지만, 더 중요한 것은, 왜 선악과를 따 먹었냐고 하는 것입니다. 그것은 사탄이 궁극적으로 던진 유혹, 즉 하나님이 되라는 것 때문이었습니다. 그렇기에 선악과를 따먹었다고 하는 것은, 말 그대로 인간이 하나님이 되고자 했다는 것입니다. 그래서 죄의 가장 근본적 의미는, 하나님을 저버리고, 나 자신이 하나님이 되는 것, 내가 하나님만큼 높아지는 것이라 할 수 있습니다. 그래서 신학적으로 '교만'이 죄의 근본이라고도 말할 수 있습니다.

사랑을 막는 죄

내가 죄를 지을 때, 우리는 알지 못하더라도, 스스로 내가 하나님의 자리에 올라서는 것이며, 하나님처럼 되는 것이라는 사실을 알았습니다. 그런데 그렇게 될 때, 동시에 일어나는 일이 있습니다. 그것은 하나님의 자리에 계신 그분을 끌어내리는 일입니다. 그래야 내가 하나님의 자리에 오를 수 있기 때문입니다. 이것이 무서운 일입니다. 하나님을 인정하지 않는 행위이며, 하나님이 없는 듯이 살아가는 행위이기 때문입니다. 그렇기에 죄를 짓는다는 것은 무서운 일입니다. 그런데 그리스도인들 가운데에서는 '나 오늘 죄를 지었네. 회개하면 되지!' 하고 너무 쉽게 이야기하는 경향이 있는 것 같습니다. 정리하자면, '죄를 지었다'는 것은 하나님을 인정하지 않고, 하나님을 그 자리에서 끌어내리며, 그 순간 자신이 하나님이 되겠다는 것이라고 할 수 있습니다. 이렇게 본다면, 죄를 지은 사람에게 어떻게 하나님의 사랑이 흘러 들어갈 수 있겠습니까? 하나님을 끌어내리며, 하나님의 사랑을 받기 원한다는 것은 양자가 성립될 수 없는 일입니다. 그래서 죄는 하나님의 사랑을 가로막는 가장 큰 원인이 된다고 할 수 있습니다.

그러므로 매일 짓는 죄를 매일 씻어 내는 일을 반복적으로 하지 않고는, 아무리 완전한 하나님의 사랑이라도, 우리를 향한 그 사랑이 아무리 절실하다고 할지라도, 흘러들어 오지 못하게 됩니다. 그래서 구약의 선지자들은 이스라엘 백성을 향하여 지속적으로 '돌아오라'고 외쳤던 것입니다. 이것이 회개입니다.

   예수께서 이 땅에 오셔서 본격적으로 사역하시기 전에, 세례 요한이 먼저 사역을 시작합니다. 그리고 세례 요한이 옥에 갇혀서 더는 사역을 할 수 없게 되자, 세례 요한이 하던 사역을 예수께서 그대로 이어받으십니다. 예수님은 하나님의 아들이시지만, 세례 요한과 상관없이 독자적으로 일을 시작하시거나, 세례 요한과 다른 새로운 메시지를 전하신 것이 아니라, 세례 요한의 메시지를 이어 가며 사역을 시작하셨습니다. 세례 요한이 핵심적으로 외친 메시지는, "회개하라 천국이 가까이 왔느니라"(마 3:2)입니다. 그런데 예수께서도 공생애를 시작하시면서, 가장 먼저 외치신 말씀이 "회개하라 천국이 가까이 왔느니라"(마 4:17)는 것이었습니다.

돌아가야 합니다.

   회개가 무엇입니까? 헬라어로 회개는 '메타노이아(μετάνοια)'인데, '돌아서다, 돌이키다'라는 뜻이 있습니다. 하나님 아버지께로 돌아가는 것, 돌이키는 것이 바로 회개입니다. 이것이 기독교의 본질입니다. 죄 때문에 하나님으로부터 떠났던 인생을, 하나님께로 돌이켜 놓기 위해 예수님이 오셨기 때문입니다. 오늘날 한국 교회에서 '회개하라'는 메시지가 많이 사라져가고 있습니다. 아마도 회개하라는 메시지가 부담스럽기 때문일 것입니다. 그러나 회개하라는 메시지는 누구를 정죄하는 메시지가 아닙니다. 눈물의 메시지입니다. 비판하고 정죄하려고 회개하라고 하신 것이 아닙니다. 하나님으로부터 멀어졌던 우리가, 다시 하나님께로 돌아가는 것이 회개입니다. 하나님께로 돌아가야 한다는 눈물의 메시지가 회개하라는 메시지입니다.

하나님께서 완전한 사랑을 십자가에서 보여주셨고, 우리의 마음도 새롭게 바꾸어 주셨는데, 작동이 안 되는 이유는 우리가 그 조작법을 몰라서 그렇다고 말씀드렸습니다. 그리고 그 조작법은 물과 성령이라고도 언급하였습니다. 그런데 많은 그리스도인은, 물과 성령은 사람이 중생할 때 일회적으로 필요한 것이라고 생각하기도 합니다. 아닙니다! 물과 성령으로 중생했기 때문에, 중생을 통하여 새롭게 된 마음이 작동하기 위해서는 물과 성령이 지속적으로 역사해야 합니다. 몸만 교회에 나와 있다고 하나님 아버지께로 돌아간 것이 아닙니다. 여전히 우리의 생각과 마음이 하나님께로부터 멀어진 부분이 있을 수 있습니다. 그래서 성경은 전심으로 하나님께 돌아오라고 이야기하는 것입니다. 우리의 모든 것이 하나님 앞에 돌아올 수 있어야 한다는 것이지요.

그렇기에 400년의 암흑기를 끝내고 세례 요한이 나타나서 외친 말씀이 '회개하라!'는 것이었습니다. 이것은 부흥을 의미하기도 합니다. 부흥은 단순히 숫자가 늘어나는 것이 아니라, 다시 생명을 찾는 것입니다. 하나님 없이 살아서 생명을 잃어버렸던 사람이 그 생명을 다시 찾는 것이 부흥입니다. 영어로는 'revival'이라고 하는데요, 're'라고 하는 것은 'again, 다시'의 의미가 있고, 'vival'이라고 하는 것은 'life, 생명'입니다. 그래서 부흥이라는 것은 생명을 되찾는 것입니다. 생명을 되찾는 일은 아버지께로 돌아갈 때 가능합니다. 하나님 아버지께로 돌아갈 때 다시 살아날 수 있습니다.

Welcome Home!

최근에 저에게 힘든 일이 많았습니다. 여러 가지 신경 쓸 일들이 많았는데, 그중에 가장 힘들었던 일은, 개인적으로 선뜻 하고 싶지 않은 일이지만, 제가 맡은 일을 효율적으로 운영하기 위해서, 그리고 공적인 공무를 위해서 해야 하는 것이었습니다. 그런데 이러한 일들을 한두 번 할 때마다, 마음이 공허해지고 메말라지는 것을 느꼈습니다. 그 메마름 속에서 제 영적인 부분도 메말라 가고 있었지요. '이러면 안 되는데……. 은혜가 필요한데…….'라고 생각하고 있었지만, 그냥 피곤한 상태로 시간이 흘러가고 있었습니다. 이러한 모습이 우리의 일상일 수 있다고 생각합니다. 은혜가 필요하다는 것을 알지만, 영혼이 메말라 가는 것을 그냥 방치하고만 있을 수 없다는 것을 알지만, 별다른 행동을 하지 못한 채 시간이 흘러만 갑니다. 그런데 그때, 저의 아내도 영적으로 비슷한 시간을 보내고 있었습니다. 근무하는 학교에서 힘든 일이 있었고, 그러면서 영혼이 메말라 가는 것을 느꼈습니다. 그런데 아내가 먼저 하나님께 반응하였습니다. 아내가 밤마다 침대에서 자기 전에 찬양을 부르는 것이었습니다. '나 주를 멀리 떠났다 이제 옵니다'라는 찬양입니다. 제가 볼 때는, 아내가 주님을 그렇게 멀리 떠난 적이 없는 것 같은데도, 그 찬양을 자기 전마다 부르며 가끔 눈물을 훔치곤 하였습니다. 또 '멀리 멀리 갔더니 처량하고 곤하며'라는 찬양도 불렀습니다. 두 찬양의 공통점은 하나님을 떠났다가 돌아온다는 것입니다.

아내가 찬양을 부르는 것을 매일 듣고 있는데, 하나님께서는 그 찬양을 저도 불러야 할 찬양이라는 깨달음을 주셨습니다. 제가 학교에서 학생들에게 하나님께 돌아오라고 가르치고, 복음을 전하면서 하나님께 돌아가야 한다고 외쳐 왔지만, 나 역시도 하나님께 돌아가야 할 부분이 있다는 것을 깊게 깨닫게 해 주셨습니다. 왜냐하면, 아버지가 계신 곳이 내 집이기 때문입니다. 그곳으로 돌아가야 회복이 있고, 안정이 있고, 위로가 있을 수 있습니다.

그동안 저는 늘 하나님 앞에 민감하게 반응하려고 노력해 왔기 때문에 하나님께로부터 멀리 떠나 있지 않다고 생각해 왔지만, 영혼이 메말라 있는 나의 상태가 그 찬양을 부르며 하나님께로, 내 집으로 돌아가야 할 부분이 있다는 것을 가르쳐 주신 것입니다. 그전까지는 찬양 가사들이 객관적으로만 이해되었는데, 하나님께서 깨달음을 주셔서 나를 점검해 보니, 나 역시도 하나님으로부터 멀어진 부분이 있었고, 그래서 하나님께로 돌아가야 할 사람이라는 사실을 깨닫게 되었습니다.

4년 전 학교에서 안식년을 받아 호주 시드니 신학대학의 초청으로 1년 동안 시드니에 머문 적이 있었습니다. 그래서 호주에서 대표적인 교회라 할 수 있는 힐송교회의 예배를 드리러 가게 되었습니다. 마침 힐송교회가 집에서 그리 멀지 않은 곳에 있어서, 쉽게 가족과 함께 예배드리러 갈 수 있었습니다. 그런데 힐송교회에 도착했을 때, 가장 먼저 입구에서 눈에 띈 것이 "Welcome Home"이라는 문구였습니다. 그 문구를 보면서 마음이 울컥했습니다. 우리 집은 한국에 있지만, 호주 힐송교회 문 앞에 "Welcome Home"이라고 쓰여 있는 문구를 보니, 하나님 아버지의 집이 우리 집이라는 사실이 새삼스럽게 느껴지면서 눈물이 핑 돌았던 것입니다. 조금 더 교회 안쪽으로 들어갔더니 이번에는 이렇게 쓰여 있었습니다. "Come as You are" '있는 모습 그대로 나오라'는 그 문구에 또 한

번 제 마음이 감동되었습니다. 그렇게 감동된 마음으로 예배를 드리게 되었으며, 성도들이 원색적인 복음의 가사로 찬양을 부르면서 예배하는 모습에 더욱 감동을 받았고, 저처럼 많은 사람이 회복되고 치유되는 것을 볼 수 있었습니다. '돌아간다'는 것은 아버지께로 돌아가는 것이며, 내 집으로 돌아가는 것입니다. 그곳이 우리의 본향입니다.

내 마음을 아시는 그분

하나님은 하나님께서 하실 수 있는 일은 다 하셨습니다. 그 아들을 십자가에 못 박으시면서 우리를 얼마만큼 사랑하시는지 확증해 보이셨고, 늘 쓰러지고 연약한 우리들을 완전히 새롭게 바꾸어 주셨습니다. 그렇기에 이제는 우리가 할 일만 남아 있습니다. 날마다 자신을 점검하면서 십자가에서 흘려주신 보혈의 피로 죄를 씻어 내는 것입니다. 이것이 물로 우리를 정비하는 일입니다. 그 죄가 씻기면 주님의 사랑이 새롭게 된 마음속에 깊이 흘러들어 올 것입니다. 어쩌면 중생을 경험하고 굳은 마음이 부드러운 마음으로 바뀌게 되었는데, 그 부드러운 마음의 능력이 얼마나 위대한지 경험해 보지 못한 사람들이 있을 수 있습니다. 중생했지만, 새롭게 바뀐 부드러운 마음이 얼마나 하나님의 사랑에 크고, 깊고, 넓게 반응하는지를 깨닫지 못한 사람이 있을 수 있습니다. 그런데 회개하면 깨달아집니다. 회개하면 하나님의 사랑에 반응하는 새로운 마음을 느낄 수 있습니다.

우리가 회개하면 눈물부터 나오는 이유는, 그 순간 하나님의 사랑이 느껴지기 때문일 것입니다. 어린아이들이 갑자기 당황스럽고 어려운 일을 당해도, 엄마가 옆에 있지 않으면 울어봤자 아무도 알아주지 않을 것 같아서 꾹 참고 울지 않고 있다가, 엄마가 나타나면 먼저 눈물부터 터트립니다. 여러 가지 할 말이 많이 있지만, 말보다는 눈물이 먼저 나게 됩니다. 그것은 사랑을 줄 수 있는 대상을 만났다는 것입니다. 그렇기에 말씀이 깨달아지는 이 순간, 예수께서 십자가에서 흘리신 보혈로 죄를 깨끗하게 씻어 달라고 기도해 보십시오. 죄를 씻어 깨끗하게 준비하는 행위가 물로 우리 자신을 정비하는 일이라고 하였는데, 실제로 우리의 죄를 씻어 내는 일은 예수의 보혈로 가능합니다. 예수님의 보배로운 피만이 죄를 씻어 우리를 준비하게 합니다. 이것이 성경에서 말하는 물로 우리 자신을 정비하는 일입니다. 모든 죄를 용서하시고 모든 죄에서 정결하게 해 주셔서 하나님이 바꾸어 주신 마음에 하나님의 사랑이 흘러넘치게 해 달라고 기도해 보십시오. 하나님의 사랑이 깊이 있게 느껴져서 하나님께서 바꾸어 주신 새로운 마음이 얼마나 위대한 마음인지를 경험할 수 있게 될 것입니다. 그리고 메말랐던 마음에 눈물이 흐르는 것을 느낄 수 있을 것입니다.

중생을 경험해야 합니다.

그런데 혹시 이 글을 읽고 있는 분들 가운데 아직도 중생을 경험하지 못한 분이 있을 수 있습니다. 중생을 경험해야지만 마음이 새롭게 되고, 하나님의 사랑에 반응할 수 있게 됩니다. 그렇기에 먼저 중생을 위해 하나님 앞에 나가길 바랍니다. 교회 다닌 지 10년, 20년이 되었어도 중생을 경험하지 못한 사람들이 있을 수 있습니다. 니고데모는 유대인의 관원이었습니다. 성경을 가르치는 선생이었습니다. 그런데도 니고데모는 거듭남에 대해 알지 못했기 때문에 예수님은 거듭남의 비밀을 가르쳐 주셔야만 했습니다. 요한복음 1장 12절 말씀에 보면 "영접하는 자 곧 이름을 믿는 자들에게는 하나님의 자녀가 되는 권세를 주셨다"고 말씀하고 있습니다. 그렇기에 지금 이 시간 회개하고 예수님을 마음에 영접하시면 중생하실 수 있습니다. 중생을 경험하기 원하시는 분들은 다음의 기도문을 따라 기도하시기 바랍니다.

예수님 저는 죄인입니다.
제 힘으로, 제 능력으로는 이 죄의 문제를 해결할 수 없습니다.
그러나 나를 위해 십자가에서 죽으신 예수께서 십자가에 죽으심으로 내 죄를 사해 주신 사실을 내가 믿습니다. 이 시간 받아들입니다.
내 마음에 오셔서 당신의 보혈로 지금까지 지은 죄를 용서하여 주시고 내 삶의 주인이 되어 주십시오. 내 삶의 구주가 되어 주십시오.
예수님의 이름으로 기도드립니다. 아멘

옆에서 도우시는 성령님

하나님께서 바꾸어 주신 새로운 마음이 작동하기 위해서는 물과 성령의 역사가 필요하다고 말씀드렸습니다. 그렇다면 성령의 역할은 무엇일까요? 이 부분에 대해서는 이 책의 후반부에, 성령의 역사에 관하여 상세히 다룰 것이기에, 여기에서는 기본적인 의미만을 기술하려 합니다. 이미 앞에서, 에스겔 36장의 말씀을 가지고 새 계명의 특징이 우리의 마음을 바꿔주는 것이라고 하였습니다. "또 새 영을 너희 속에 두고 새 마음을 너희에게 주되 너희 육신에서 굳은 마음을 제거하고 부드러운 마음을 줄 것이며 또 내 영을 너희 속에 두어 너희로 내 율례를 행하게 하리니 너희가 내 규례를 지켜 행할지라"(겔 36:26-27). 여기서 핵심은 새로운 마음인데 그 마음을 주장하시고 지배하시는 분은 새 영, 성령님이십니다. 성령님은 인격적인 영이십니다. 그래서 우리가 성령님을 인격적으로 초청할 때 역사하십니다.

마치 옆에 계신 것처럼 '성령님, 나는 당신의 도움이 필요합니다. 성령님, 저를 도와주세요. 제 마음을 바꾸어 주셨는데도 제 마음은 아직도 냉랭합니다. 성령님, 충만하게 기름 부어 주십시오. 성령님, 역사하여 주십시오.' 이렇게 기도할 때 성령님께서는 우리 안에서 새로운 일을 행하십니다. 하나님께서 성령님을 보내주신 이유가 무엇일까요? 아무리 율법을 주고, 규례를 주어도, 그것을 지킬 능력이 우리 안에 없기 때문입니다. 그래서 이스라엘이 실패했던 것입니다. 그래서 하나님은 실패했던 굳은 마음을 바꾸어 주셨지만, 그 마음만 바꾸어 주신 것이 아니라, 그것을 지킬 힘과 능력을 같이 주신 것입니다. 그것이 바로 성령이십니다. 그래서 그리스도인들은 지속적으로 성령님과 동행하며 성령님께 도움을 요청해야 합니다.

항상 성령님을 인격적으로 대하시며 초청하십시오. 저는 이 사실을 깨닫고 어떤 집회를 가더라도 빼놓지 않고 기도하는 것이 성령님께 도움을 요청하는 것입니다. 마치 성령님께서 옆에 계신 것처럼 기도합니다. 그런데 그렇게 기도할 때와, 한순간 그 일을 놓쳤을 때

차이가 엄청 크다는 것을 느낍니다. 많은 사람이 성령님께서 계신 것을 알고는 있습니다. 그런데 지식적으로 알고 있는 것과, 알고 있는 지식을 붙잡고 기도하며 사용하는 것과 다릅니다. 성령님은 우리와 동행하기 원하시고 우리를 돕기를 원하십니다.

성경은 성령님을 '보혜사'라고 표현합니다(요 14:16, 26). 보혜사는 헬라어로 '파라클레토스(παρακλητος)'입니다. '파라클레토스'라는 말의 의미는 옆에서 조언하고 코치하는 분이라는 뜻입니다. 성령의 가장 큰 역할은 무엇일까요? 어떤 분들은 성령의 은사를 강조하면서 성령님이 새로운 구속의 역사를 쓰시는 것처럼 말씀하시는데, 사실이 아닙니다. 모든 구속의 사역은 예수님을 통해 다 완결이 되었습니다. 성령님은 그 구속의 사역을 적용하시고 집행하시고 그것을 돕는 분이십니다. 그래서 성령님 없이는 어떤 구원의 역사도 일어나지 않습니다. 성령님의 도우심이 없이는 우리가 은혜를 받을 수도 없고, 하나님의 일을 감당할 수도 없습니다. 성령님은 옆에서 나를 돕는 분이십니다. '파라클레토스'에는 '상담자'라는 의미도 있어서, 내 옆에서 나의 고민을 상담해 주시고 코치해 주시고 도와주시는 분이라고 이해할 수 있습니다. 성령님은 지금도 우리 옆에 계십니다. 그렇기에 언제든지 우리가 성령님을 부르면 우리를 도우시고 우리를 인도해 가십니다.

십자가에서 이루신 사랑

물과 성령, 이 두 가지가 작동되어야 하나님이 새롭게 만드신 마음에 역사가 일어나기 시작합니다. 우리가 말씀을 듣고 지적으로 이해하고 깨닫는 것도 성령님의 역사입니다. 또 가슴으로 내려와 실천할 수 있도록 하시는 분도 성령입니다. 물과 성령을 다른 말로 표현하면 예수님의 보혈, 십자가와 성령입니다. 십자가와 성령, 이 두 가지가 지속적으로 있어야 새롭게 바꾸어 놓은 마음속에 성령께서 역사하셔서 하나님의 사랑이 느껴지기 시작합니다. 하나님의 사랑이 작동되기 시작합니다.

이사야 선지자는 예수께서 지셔야 할 십자가를 이사야 53장 5절에 이렇게 표현했습니다. "그가 찔림은 우리의 허물 때문이요 그가 상함은 우리의 죄악 때문이라 그가 징계를 받으므로 우리는 평화를 누리고 그가 채찍에 맞으므로 우리는 나음을 받았도다." 예수께서 십자가에 죽으시면서, 하나님의 사랑을 확증하신 것에서만 끝나는 것이 아니라, 찔리고 상하시고 징계를 받으시고 채찍에 맞으시면서, 우리의 죄와 허물을 사하시고 우리 마음에 평화를 주시고 우리의 육체를 고쳐주셨습니다. 그런데 그렇게 예수께서 이루어 놓으신 구속의 사역을 집행하시는 분이 성령님이십니다. 이것이 물과 성령의 관계, 즉 십자가와 성령의 관계입니다.

육체의 질병이 있습니까? 예수께서 십자가에서 이루신 구속의 역사를 믿으며 성령님께 이 구속의 사건이 적용되게 하여 달라고 기도하십시오. 불안과 두려움이 있습니까? 정신적으로 어려운 부분이 있나요? 괜찮습니다. 예수께서 징계를 받음으로 우리에게 평안을 주셨습니다. 그 평안은 절대적인 안정의 상태입니다. 십자가를 의지해서 성령님께 도움을 요청하십시오. 예수께서 이루신 십자가의 평안을 구하기 바랍니다. 성령님께 인격적으로 요청합시다. 내 옆에 성령님이 계십니다. '성령님, 사랑에 갈급합니다. 성령님, 이 마음속에 사랑을 부어주옵소서. 하나님의 사랑이 경험되게 하시옵소서. 하나님의 사랑과 평화를 누리게 하여 주시옵소서. 성령님 도와주시옵소서.' 십자가의 사역을 완성하시는 분이 성령이십니다!

4장
십자가의 사랑을 통한 회복

> 세 번째 이르시되 요한의 아들 시몬아 네가 나를 사랑하느냐 하시니 주께서 세 번째 네가 나를 사랑하느냐 하시므로 베드로가 근심하여 이르되 주님 모든 것을 아시오매 내가 주님을 사랑하는 줄을 주님께서 아시나이다 예수께서 이르시되 내 양을 먹이라(요 21:17)

하나님은 십자가에서 우리를 향한 당신의 온전한 사랑을 확증시켜 주시고 새롭게 태어나게 하셔서 그 사랑을 받아들일 수 있도록 변화시켜 주셨습니다. 그런데 하나님의 사랑을 잘 느끼지 못한다면, 그것은 물과 성령으로 다시 태어났지만, 물과 성령을 통하여 성장하지 못하기 때문입니다. 그러므로 회개하여 십자가의 보혈로 죄를 씻고 성령의 도우심으로 살아야 새롭게 바뀐 마음에 하나님의 사랑이 느껴질 수 있습니다. 이제 이렇게 십자가의 온전한 사랑을 지속적으로 경험하는 방법까지 다 설명하였다면, 더 이상 할 이야기가 없는 것 아닐까요? 그런데 시간이 흐르고 신앙생활을 하다 보면, 어느 순간 이전의 모습으로 돌아가 있는 나 자신을 발견하기도 합니다. 하나님의 온전한 사랑 가운데 계속해서 살아갈 수 있을 것 같았는데, 어느 순간 무너져 있는 모습을 발견할 수 있습니다. 왜 그럴까요? 그렇다면 예수께서 실패한 것일까요? 아니면 나 자신의 실패일까요?

"내일 일은 난 몰라요"라는 찬양이 있습니다. 누군가는 이 찬양을 들으면서 '이것은 초신자가 부르는 찬양 아니야? 주님이 나를 새롭게 해주셨는데, 계속 그 가사의 고백대로 살아가면 되겠어? 성령이 내주하시고 동행하시면 기쁘게 살아야지!' 이렇게 마음속으로 다짐할 수 있습니다. 맞는 말입니다. 그런데 하나님 편에 서서 세상을 살아가다 보면, 세상에서 그리스도인으로 살아간다는 것이 만만한 일이 아니라는 사실을 알게 됩니다. 또한 그리스도인의 순례의 여정과 걸어가야 할 길이 얼마나 좁은 길인지도 알게 됩니다. 그래서 주님께서 인도하시지 않으면 한 발자국도 갈 수 없는 길이 바로 이 길이라는 사실도 발견하게 됩니다. 그리고 한순간 방심하여 내 뜻대로 가다가는 망하는 길임을 알기에, 주님 앞에서 순간순간

울며 이 찬양의 가사를 고백하게 됩니다. '내일 일은 난 몰라요. 하루하루 살아요. 불행이나 요행함도 내 뜻대로 못해요. 험한 이 길 가고가도 끝은 없고 곤해요. 주님 예수 팔 내미사 내손 잡아 주소서!' 이 찬양의 가사는 평생 순례의 여정에 하나님께 올려드려야 할 그리스도인의 고백이 됩니다.

다시 돌아간 제자들

하나님의 온전한 사랑을 경험하고 누리면서 늘 기쁘게만 살아갈 수 있을 것 같았는데, 어느 순간 주저앉아 있는 내 모습을 발견할 수 있습니다. 모든 것이 무너지고 실패한 것 같은 순간이 찾아올 때가 있습니다. 요한복음 21장에는 제자들이 다시 고기 잡으러 가는 장면이 나옵니다. 그런데 이 제자들은 예수님의 부활을 두 번이나 목격했습니다. 만약 제자들이 부활하신 예수님을 만나지 않았다면, 다시 고기 잡으러 가는 것을 이해할 수 있을 것 같습니다. 또 예수께서 부활하신 사실을 몰랐다면, 다시 물고기 잡으러 가는 것이 이상하게 보이지 않았을 것입니다. 그런데 부활하신 예수님을 두 번이나 만나고도 제자들은 고기를 잡으러 갔습니다. 왜 제자들은 다시 고기를 잡으러 갔을까요?

일부 신학자들은, 요한복음 21장이 후대에 첨가된 내용이라고 생각합니다. 요한복음 20장 마지막을 보면 마치 글이 끝나는 것처럼 기록되어 있기 때문입니다. 30절과 31절을 보면 "예수께서 제자들 앞에서 이 책에 기록되지 아니한 다른 표적도 많이 행하셨으나 오직 이것을 기록함은 너희로 예수께서 하나님의 아들 그리스도이심을 믿게 하려 함이요 또 너희로 믿고 그 이름을 힘입어 생명을 얻게 하려 함이니라"라고 기록하고 있습니다. 그래서 일부 학자들은 요한복음은 20장에서 끝났고, 21장은 후대에 편집되어 첨가된 것으로 생각합니다. 물론 학문적으로는 그렇게 생각할 수도 있을 것입니다. 그런데 저는 20장 뒤에 21장을 더 기록한 목적이 있을 것이라고 생각합니다.

두 번이나 예수님의 부활을 목격했던 제자들이었지만, 베드로가 다시 고기 잡으러 간다고 하자, 다른 제자들도 베드로를 제지하지 않고 오히려 따라갑니다. "베드로, 고기 잡으러 가는 것은 아닌 것 같아! 우리가 부활하신 주님을 만났는데 어떻게 고기 잡으러 갈 수 있어? 고기 잡던 우리를 예수님이 부르셔서 제자가 되었는데, 다시 고기를 잡으러 갈 수는 없지!" 이렇게 말해야 할 것 같은데, 오히려 다른 제자들 역시도 베드로의 말에 동의하고 너도나도 고기를 잡겠다고 따라나섰습니다. 사실 다른 제자들도 베드로와 같은 생각을 하고 있었지만, 먼저 말로 표현하지 못하고 있었던 것 같습니다.

왜 제자들이 갑자기 고기를 잡으러 가겠다고 했을까요? 예수께서 고기 잡던 그들을 사람 낚는 어부로 부르셨습니다. 그런데 다시 고기를 잡으러 가겠다는 것은 삼 년 반 동안 예수님과 함께 했던 모든 것을 무용지물로 만드는 것입니다. 삼 년 반 동안 예수님 밑에서 배웠던 것들을 다 무시하고 다시 예전으로 돌아가는 것입니다. 그런데도 불구하고, 예수님을 따르며 훈련받았던 것은 어떻게 하고, 왜 다시 고기를 잡으러 가는 것일까요? 부활하신 예수님을 만나 기뻐했던 것들은 어떻게 하고, 왜 다시 제자리도 돌아갔을까요?

처음에는 제자들의 마음이 이해되지 않았지만, 계속해서 묵상하다 보니 제자들의 마음을 조금은 헤아릴 수 있을 것 같았습니다. 처음 예수님을 만났을 때는 예수님을 따라가는 길이 어떠한지 잘 모른 채, 그 순간 주어진 기쁨과 은혜로 예수님을 따라갈 수 있었을 것입니다. 예수님과 함께 하며 말씀을 배우고 놀라운 능력들을 경험하면서 신나게 따라갈 수 있었습니다. 그런데 예수님의 죽음과 부활을 목격한 제자들은 충격에 빠졌습니다. 먼저는, 예수님의 죽음을 목격하며, 그 순간 자신들의 연약함 때문에 예수님을 잠시 떠났던 그들 자신의 모습을 보고 충격을 받았을 것입니다. 그것이 그들이 가지고 있던 연약함이었습니다. 예수님께 제자들이 가장 필요한 시간이었지만, 그들은 자신들이 가지고 있는 연약함 때문에 예수님 곁에 함께하지 못했습니다. 가룟 유다와 베드로만 십자가 앞에서 예수님을 부인하고 배반한 것이 아니라, 제자들 모두가 십자가를 앞두고 있는 예수님을 떠났었습니다. 그렇게 모든 것이 끝날 것만 같았는데, 예수님은 부활하셔서 제자들을 가장 먼저 찾아오셨습니다. 기쁘기도 했지만, 도저히 예측할 수 없는 능력으로 다시 사신 예수님이 위대하고 두렵기까지 하였을 것입니다. 예수님은 그들이 생각했던 것보다 더욱더 위대하신 분이셨고, 상대적으로 자신들은 너무나 연약한 존재라는 사실을 더 깊게 깨달았을 것입니다. 예수께서는 죽음을 이기시고 부활하셨는데, 자신들은 두려움에 예수님을 부인하고 숨어버렸던 것입니다.

그때 사람들은 자조 섞인 자포자기를 하게 됩니다. '내가 과연 예수님을 따라갈 수 있을까? 처음에는 아무것도 모르고 예수님을 따라간다고 그랬구나! 그때는 아무것도 모르고 마냥 할 수 있을 것 같아 말한 거였어! 그런데 내가 과연 예수님을 잘 따라갈 수 있을까?' 이런 생각들을 하게 되지요. 그런데 실제로 진정한 신앙의 모습은 여기서 시작됩니다. 고민하고 생각하여 의식을 가지고 주체적으로 그래서 의식을 가지고 주체적으로 예수님을 따라가는 길이 시작되는 것입니다. 제자들은 부활하신 예수님을 만나서 처음에는 기뻤지만, 시간이 지나면서 예수께서 하나님의 아들이라는 것이 실감 났을 것입니다. 예수님께 직접 들었던 말씀과, 그 말씀의 실제는 차이가 있습니다. 이제 그 말씀이 현실이 되고 경험되니 생각이 많아지는 것입니다. 예수께서 십자가에서 죽으시고 부활하시는 것을 직접 경험하면서, 예수님은 너무 위대하게 보이는데 상대적으로 자신들은 너무나 연약한 존재라는 것이 더욱 깊게 느껴지며, '나 같은 사람이 어떻게 예수님을 따라갈 수 있을까?' 생각을 하게 된 것입니다.

또 다른 한편으로, 제자들은 이런 생각도 할 수 있었을 것 같습니다. '혹시 내가 예수님을 따라간다는 것이, 오히려 예수님께 방해가 되지 않을까? 예수님이 우리를 부르신 목적이 너무나 분명한데, 내가 또 실수하면 예수님의 목적에 차질이 생길 수도 있지 않을까?' 그런 두려움들이 몰려들기 시작하는 것이지요. 그래서 차라리 여기서 그만두는 것이 좋을 것 같다는 생각도 하게 됩니다. 그런데 예수님 입장에서 보면 정말 기가 막힌 상황입니다. 삼 년 반 동안 열심히 훈련 시켜놓았는데, 이제 와서 함께하지 못하겠다고 하면 어떻게 합니까? 예수님의 죽음과 부활을 목격까지 했는데, 그 모든 것을 경험하고 나서 이제 와서 못 따라가겠다고 하면 얼마나 답답한 상황일까요? 그냥 못 따라가겠다고 하소연하는 것도 아니고, 다시 예전으로 돌아가 고기 잡으러 가는 것입니다.

주님 없이는 살 수 없는 존재

저는 요한복음 21장의 이야기로 연극을 만들어 보고 싶다는 생각을 종종 합니다. 매우 흥미진진한 연극이 될 것 같고, 또한 굉장한 전도의 도구가 될 수 있을 것 같습니다. 만약 이 장면을 연극으로 만든다고 한다면, 제자들이 신나게 다시 고기를 잡으러 호수로 나갔을까요? 그렇지 않았을 것입니다. 아마도 마지못해 고기 잡으러 갔지만, 서로 아무 말도 하지 않는 무거운 분위기로 그냥 묵묵히 고기 잡는 일에만 열중했을 것입니다. 그런데 고기가 잡히지 않습니다. 마치 처음 예수님을 만난 날처럼 밤새도록 고기가 잡히지 않습니다. 고기를 잡으러 왔는데 고기가 잡히면 그래도 조금은 위안이 되겠는데, 고기가 하나도 잡히지 않는 것입니다. 그때 제자들의 마음이 어떠했을까요?

무거운 마음으로 고기를 잡고 있는데, 고기는 잡히지 않고, 그래서 그들의 마음을 더 무겁고 힘들었을 것입니다. 그런데 그 상황에서 제자들이 깨달은 것이 한 가지 있었습니다. 그것은 바로 자신들이 고기를 잡고 있는 과정에서도 예수님을 기다리고 있었다는 것입니다. 어떻게 보면, 삼 년 반 동안 예수님과 같이 했던 시간을 다 뒤로 한 채, 다시 고기 잡으러 갔지만, 그 삼 년 반 동안의 시간이 헛된 것이 아니라, 그 삼 년 반이라는 시간 동안 제자들이 변화된 것이 하나 있었습니다. 그것은 바로 예수님 없이는 살 수 없는 존재가 되었다는 것입니다. 고기를 잡으러 왔어도, 고기가 잡히지 않아도, 그들은 예수님을 기다리고 있었습니다. 고기가 잡히지 않으니 더 예수님을 기다렸는지 모릅니다.

예수님과 함께 사역하고, 은혜받고, 예수님 때문에 기뻐했던 그 모든 경험은 예수님에 대한 사랑의 경험들로 남아 있었습니다. 그래서 제자들은 다시 고기 잡는 자리로 나갔지만, 그곳에서도 여전히 예수님을 기다리고 있었습니다. 어떻게 이러한 해석이 가능할까요? 성경을 보면, 예수님이 고기를 잡고 있는 제자들을 찾아가십니다. 그런데 예수님이 찾아가셨을 때, 처음에는 제자들이 예수님을 알아보지 못합니다. 하지만 예수님의 사랑하시는 제자가 가장 먼저 알아보고 '주님이시다!'라고 소리를 칩니다. 그 소리를 듣고 베드로가 바로 옷을 걸쳐 입고 바다로 뛰어듭니다. 예수님을 기다렸다는 것입니다.

여러 생각 속에서 마지못해 고기를 잡으러 나갔지만, 제자들의 마음속으로는 예수님을 기다리고 있었던 것입니다. 어쩌면 이런 생각을 하고 있었을지도 모릅니다. '이렇게 다시 고기 잡으러 나온 내 모습이 정상일까?' 그렇게 자신을 비판했을지도 모릅니다. '예수님을 최고라고 외치던 놈이 다시 고기 잡으러 호수로 돌아왔냐?' 그런 자책감에 사로잡혀 있었을지도 모릅니다. '나 같은 놈은 더 이상 예수님께는 필요 없는 존재일 거야.' 그런 마음으로 고기 잡고 있는데, 자신이 깨닫지 못했던 자신의 모습을 발견하게 됩니다. 그것은 바로 예수님 없이는 살아갈 수 없는 존재가 되었다는 사실입니다. 막연히 자신의 마음 한쪽에는 예수님을 기다리는 모습이 있다는 사실을 발견하는 것이지요. 그래서 예수님이 이곳에 오셨으면 좋겠다고 기다리고 있는 것입니다.

여기서 분명히 기억할 사실이 있습니다! 이러한 제자들의 모습이 우리의 모습이라는 것입니다. 그렇기에, 예수님 안에서 경험하고 훈련받은 모든 것들은, 한순간 무너진 내 모습으로 인하여 헛된 것으로 버려지지 않는다는 것을 알게 됩니다. 저는 이 말씀을 묵상하다가 참 많이 울었습니다. 이것이 저의 모습이었습니다. 혹시 이 글을 읽는 분들 가운데도 실패했다고 느끼는 분들이 계십니까? 신앙적인 연륜이 오래되었지만, 지금은 신앙의 밑바닥이라고 생각하는 분들이 계십니까? 그래서 무엇을 해야 좋을지 모르겠다는 생각이 드십니까? 내가 왜 이 지경까지 되었는지 모르겠다고 생각하는 분들이 계십니까? 그런데 아무리 밑바닥이라고 할지라도 한 가지 분명한 것은, 그동안의 주님과의 관계 안에서 변화된 것이 하나 있다는 사실입니다. 그 사실은 바로 예수님 없으면 살 수 없는 존재가 된 내 모습입니다.

  정말 놀랍고 감사한 것은, 예수님은 자신의 목숨을 우리를 위해 내주시기까지 우리를 사랑하시는 분이시기 때문에 우리를 결코 포기하지 않으신다는 것입니다. 십자가에서 죽기까지 사랑하셨는데, 제자들을 다시 찾아가는 것은 문제도 되지 않습니다. 그래서 예수님은 마치 그런 제자들의 마음을 아시는 것처럼, 고기를 잡고 있는 제자들을 찾아가셨습니다. 제자들도 아직 자신의 마음을 잘 모르는데, 예수님은 제자들의 마음을 알고 그 자리로 찾아가셨습니다. 그리고 그 옛날처럼, 고기를 잡지 못하는 제자들에게 오른편에 그물을 던지라고 알려 주시고 고기를 잡을 수 있도록 도와주셨습니다. 그리고 떡과 고기를 구워 제자들을 먹이십니다.

목사님, 왜 이제 오셨어요?

  제가 교회를 개척했을 때, 세 명의 전도사님들이 동역해 주셔서 함께 시작했습니다. 그 전도사님들은 저의 제자이기도 했는데, 형제보다 더 진한 우정을 가지고 동역했습니다. 그런데 일 년 반쯤 지났을 때, 전도사님 한 분이 어느 날 출근을 하지 않았습니다. 그 전도사님은 신앙이 참 순수하고 열정적인 분이셨습니다. 교회를 개척하기 전, 학교에서 제가 제자 훈련을 인도해 나갈 때, 성령께서 강하게 역사하시기만 하면 그 전도사님은 기도하며 너무 슬프게 큰 목소리로 우는 것이었습니다. 그래서 함께 훈련받는 다른 전도사님들에게 그 이유를 물어봤더니, 그 전도사님의 아버지가 목사님이셨는데, 암으로 40대 말에 일찍 돌아가셨다는 것입니다. 그래서 전도사님은 은혜만 받으면 돌아가신 아버지가 생각나서 운다고 전해 주었습니다. 저는 그 말에 마음이 짠하여, 그 전도사님에게 형도 되어 주고 아버지 역할도 할 수 있으면 해 주기로 약속했습니다. 그리고 더 이상 울지 말고 함께 이 길을 가자고 손을 잡아 주었습니다. 그래서 전도사님과 함께 교회를 개척도 하고 제자 훈련을 하며 친밀하게 지내고 있었습니다.

그런데 어느 날 갑자기 출근하지 않은 것입니다. 혹시 무슨 일이 있는가 싶어 그 어머께 전화를 드렸는데, 오히려 어머니께서는 먼저 교회에서 무슨 일이 있었는지 반문하시며, 갑자기 아침에 기도원에 간다고 하면서 나갔다는 것입니다. 저는 어머니의 마음을 편안하게 해 드리기 위해, 걱정하지 마시라고 금방 찾아서 데리고 오겠다고 말씀드리고 전화를 끊었습니다. 저에게 아무 말도 없이, 출근하지 않고 기도원으로 갔다는 사실에 속이 상했습니다. 그런데 그때 하나님께서 제 마음에 '네가 형 노릇 해 준다고 했잖아. 아빠 노릇도 가능하다면 해 준다고 했잖아. 아빠가 살아 계시다면 어떻게 했을까?' 하는 마음을 주셨습니다. 만약 아빠가 계셨다면, 아들을 먼저 찾지 않을까 생각하고, 다른 전도사님들에게 어느 기도원을 갔는지 찾아보도록 했습니다. 오후 2시쯤 되어, 한 분 전도사님을 통하여 어느 기도원에서 전도사님을 찾았다고 전화가 왔습니다. 그래서 다른 곳으로 가지 않도록 잘 데리고 있으라고 당부하고, 그 전도사님을 만나러 기도원으로 갔습니다. 제가 만나러 간다고 먼저 이야기하면, 다른 곳으로 도망갈 수 있을 것 같아, 제가 간다는 것을 알리지 않고 몰래 만나러 간 것입니다.

전도사님을 만나러 가는데 많은 생각이 들었습니다. '도망간 전도사를 찾으러 다니는 목사는 나밖에 없을 거야'라는 생각도 들었습니다. 그런데 전도사님을 만나면 무슨 이야기를 해야 할까 고민도 되었습니다. '그 전도사는 내가 오는 줄 모르고 있으니 갑자기 나타나면 놀라겠지! 내가 형 노릇 해준다고 했잖아……. 이렇게 말하면 얼마나 감동할까?' 이런 생각들을 하면서 2시간 정도를 운전해서 기도원에 도착했습니다. 그런데 기도원 입구에 들어서는데 깜짝 놀랐습니다. 기도원 앞에 그 전도사님이 서 있는 것입니다. 더 놀라운 것은, 기도원 앞에서 제 차를 보고도 전도사님이 놀라지 않는 것입니다. 오히려 전도사님은 마치 기다리고 있었던 것처럼 기도원 앞에 서 있는 것이었습니다. 제가 차에서 내리면 '목사님,

여기는 어떻게 오셨어요?' 하고 놀랄 줄 알았는데, 제가 차를 주차하고 내리는 모습을 태연하게 지켜보고 있었습니다. 그래서 오히려 제가 더 놀라고 민망해서 아무 말도 못하고 있는데, 전도사님이 "목사님, 왜 이제 오셨어요?" 하고 묻는 것입니다. 이것이 무슨 말인가 하고 또 한 번 놀랐는데, 그 전도사님은 나를 기다리고 있었다는 것입니다. 이것이 무슨 적반하장입니까? 출근하지 않고 기도원으로 도망간 것은 전도사님인데, 그곳에서 나를 기다리고 있었습니다.

하나님의 은혜로 훈련받고 사역하면서 기쁜 마음도 있었지만, 어제 저녁에 교제하고 있던 자매와 문제가 있어서 너무 힘들었다고 합니다. 그래서 아무 말도 하지 않고 기도원으로 도망쳐 와서 너무 죄송한 마음이 있었지만, 어떤 확신이 들었는가 하면, '우리 목사님이라면 나를 찾으러 올 거야'라는 막연한 기대를 하고 저를 기다리고 있었다는 것입니다. 그 말에 더욱 놀랐습니다. 제가 전도사님을 찾으러 가지 않았다면 정말 큰일 날 뻔했기 때문입니다. 자기 마음대로 기도원에 가 놓고, 아무 연락도 없이 내가 나타나기를 기다리고 있었던 것입니다.

그래서 그 전도사님을 데리고 그 근처에서 가장 떡갈비를 잘하는 식당으로 갔습니다. 요한복음 21장을 보니, 예수님도 고기 잡으로 다시 호수로 간 제자들을 만나시고 제자들에게 떡과 고기를 먹이셨습니다. 그래서 저도 예수님을 따라하려고, 맛있는 것을 사 줘야겠다고 생각하고 떡갈비 집으로 데리고 간 것입니다. 떡갈비를 시켜놓고 기다리고 있는데, 음식은 빨리 나오지는 않고, 왜 그랬냐고 물어보는 것도 민망해서 아무 말도 못 하고 있었습니다. 그래서 그저 멀뚱멀뚱 있는 것이 너무 어색해서, 핸드폰을 꺼내 그 당시 제 마음에 깊이 감동을 주던 찬양을 재생시켰습니다. "완전하신 나의 주! 의의 길로 날 인도하소서. 행하신 모든 일 주님의 영광 다 경배합니다. 예배합니다. 찬양합니다. 주님만 날 다스리소서! 예배합니다. 찬양합니다. 주님 홀로 높임 받으소서!"

찬양이 흘러나오는데 그 가사들이 마음에 와닿기 시작했습니다. '그래, 완전하신 분은 주님밖에 없지. 완전하신 분은 주님밖에 없어! 자랑하려고 하지는 않았지만, 도망간 전도사를 찾으러 간 사람은 나밖에 없을 것이라고 생각하며 왔는데, 전도사님은 이미 나를 기다리고 있었단 말이야. 만약 내가 찾으러 가지 않았으면 어쩔 뻔 했을까? 그러고 보니 진짜로 완전하신 분은 주님밖에 없구나!' 이런 생각이 들면서, 우리 둘 사이에 성령께서 운행하시는 것을 느낄 수 있었습니다. 그렇게 남자 둘이 식당에 앉아서 울었습니다. '완전하신 분은 주님밖에 없습니다! 저는 전도사 하나 찾으러 와서 잘하고 있다고 생각했는데, 주님은 잃은 양 한 마리를 찾기 위해서 자기 목숨을 희생하셨습니다.' 그런 주님을 따라가려면 아직도 멀었다는 것을 깨닫고 울었던 것입니다. 그래서 저는 요한복음 21장만 생각하면 그 전도사님이 생각이 납니다.

훈련됨의 기준

제 친한 친구가 예수전도단의 간사로 섬기고 있는데, 한번은 제주열방대학의 DTS 교장으로 섬기게 되었습니다. 그때 그 친구와 심각하게 고민하며 나눈 이야기가 있습니다. 그 친구가 이야기하기를, DTS에서 사람들을 6개월 동안 훈련시키는데, '도대체 어디까지 훈련시켜야 제자로 세워졌다고 할 수 있을지 고민이 된다'는 것입니다. 저는 그 질문이 매우 진솔한 질문이라고 생각했습니다. 제자 훈련과정마다 커리큘럼들이 있는데, 그 커리큘럼을 마쳤다고 다 제자가 된 것이라고는 할 수는 없기 때문입니다.

그래서 그 친구에게 그 고민의 결론이 무엇인지를 물었습니다. 그랬더니 아주 간단하게 답을 하였습니다. 아직 이러한 답 밖에는 찾지 못하였지만, 6개월 DTS 훈련받고 나가서 스스로 큐티 할 수 있으면 성공이라고 생각한다는 것입니다. 훈련을 받았다고 모든 것이 완성되는 것이 아니고, 어떻게 살아가야 되는지 그 기준을 잡아

주는 것이 훈련이라고 생각하기 때문에, 그래서 친구의 대답에 동의할 수 있었습니다. 제자 훈련을 끝마치고 나서, 지속적으로 하나님과 교제할 수 있도록 만들어 줄 수 있다면 성공했다고 볼 수 있는 것이지요. 하나님과 만났던 그 틀을 가지고 지속적으로 하나님과 교제하면서 하나님의 사람이 되어 갈 수 있기 때문에, 그래서 훈련이라는 것은 하나님의 사람이 되어갈 수 있는 기준을 잡고 그렇게 살아갈 수 있도록 틀을 만들어 주는 것이라고 생각한 것입니다.

저도 요한복음 21장을 묵상하면서 깨달아진 것이 있어서 그 친구와 함께 나누었습니다. 결국, 제자 훈련의 마지막 결론은, 요한복음 21장에 나타난 제자들의 모습처럼, 그 훈련을 받은 모든 사람이 '예수님이 없으면 살아갈 수 없는 존재'로만 변화시켜 주면 된다는 것입니다. 예수님이 직접 하신 제자 훈련도 거기에서 끝을 맺었기 때문입니다. 이렇게 본다면, 제자란 예수님 없으면 살 수 없는 존재가 되는 것이라고 할 수 있습니다. 제자 훈련을 받았다고 하면, 엄청난 신앙의 거장이 되는 것이라고 생각할 수 있습니다. 그런데 엄청나게 훈련을 받은 제자라고 해도, 다 뿌리치고 주님으로부터 도망갈 때가 있습니다. 그런데 그렇게 도망가더라도, 그 삶에 남아 있는 것이 있습니다. 그것이 바로 예수님이 없으면 살아갈 수 없는 존재로 변화된 모습입니다. 그런데 훈련은 훈련대로 받아 놓고, 세상으로 도망가서 예수님도 생각나지 않고, 세상이 좋아 빠져든다면, 그 훈련은 성공한 훈련이라고 할 수 없습니다. 그렇기에 모든 훈련의 결과는, '예수님 없으면 살 수 없는 존재'가 되도록 만들어 주는 것입니다.

너는 나를 사랑하니?

요한복음 21장의 말씀이 보여주는 것이 바로 이것입니다. 우리의 신앙이 초창기일 때는, 예수님을 만나 기쁘고 신나게 예수님을 따라갑니다. 그런데 10년, 20년 믿다 보면 신앙이 밑바닥까지 내려갈 때가 있습니다. 예수님을 외면하고 떠나는 순간이 생겨나기도 합니다. 그런데 그렇게 신앙의 밑바닥을 경험할 때 깨달아야 할 것이 있습니다. 그것은 비록 지금 밑바닥이지만, 이 밑바닥에서도 부인할 수 없는 것은, 주님 없이는 살아갈 수 없는 존재가 되었다는 것입니다. 이것만 깨달아지면 다시 시작할 수 있습니다. 이것이 십자가 사랑의 능력입니다. 십자가가 있었기에, 그 사랑이 실패한 우리를 포기하지 않고 끝까지 따라오는 것입니다. 포기할 것이라면, 십자가에서 죽지 않으셨을 것입니다. 죽음을 넘어선 사랑은 없습니다.

예수님은 제자들을 뭍으로 부르신 다음, 떡과 고기를 먹이십니다. 그리고 베드로에게 질문하십니다. 베드로가 얼마나 부담스러 웠을까요? 예수께서 계속 질문하셨을 때 베드로는 얼마나 민망했을까요? 베드로는 부활하신 예수님을 뒤로한 채 고기 잡으러 나왔습니다. 그런데 베드로가 고기 잡으러 간다고 했더니, 제자들도 따라나섰지만, 밤새 고기 한마디로 잡지 못하고 있었습니다. 그 자리에 주님이 찾아오신 것입니다. 그 상황에서 예수님은 베드로를 뭍으로 데리고 나오셔서 질문을 던지신 것입니다. "베드로야, 너는 나를 사랑하니?"

베드로 자신도 자신을 잘 알지 못하고 있는 사실을 주님은 아시고 질문을 통해 그것을 끄집어내셨습니다. 그것은 비록 다시 고기 잡으러 호수로 나와 있지만, 베드로 안에는 예수님을 향한 사랑이 있다는 것입니다. 예수님의 질문을 듣고 베드로는 생각했을 것입니다. '지금, 이렇게 주님을 외면하고 다시 고기 잡으러 나왔기에 아무것도 주님 앞에 내세울 것이 없지만……. 그렇지만 내 안에는 주님을 향한 사랑은 있지…….' 그것을 알고 주님이 물으시는 것입니다. 지금 자신의 모습 때문에 감히 표현하고 있지 못한 부분을 예수님께서는 밖으로 표현하도록 하고 계신 것입니다. 저 같으면 '베드로야! 왜 나를 배신하고 다시 고기 잡으러 왔니?' 이렇게 물어볼 것 같은데, 그런 질문은 하시지 않고, '나를 사랑하니?'라고 질문하신 것입니다.

삼 년 반 동안의 제자 훈련의 생활을 뒤로하고 고기 잡으러 간 제자들이 예수께 내세울 것이 무엇이 있었을까요. 그런데 예수께서 먼저 말씀해 주십니다. '베드로야, 나에게 표현할 수 있는 한 가지가 있잖아! 나에게 떳떳하게 얘기할 수 있는 것이 하나 있잖아. 네가 다시 고기 잡는 현장으로 나갔다 할지라도, 나 없으면 못 사는 것 내가 알아!' 예수님이 질문을 던지지 않으셨으면 묻혀버릴 수도 있었을 그 고귀한 마음을 질문을 통해 꺼내어 주신 것입니다. 예수님과 베드로의 대화는 이렇게 이해할 수 있을 것입니다. 만약 예수님이 다른 질문을 했더라면, 베드로는 쩔쩔맸을 것입니다. 그러나 예수님을 향한 사랑의 마음을 가지고 있었던 베드로에게, 예수님께서 '베드로야, 네가 나를 사랑하느냐?' 이렇게 질문을 하시니, 베드로는 바로 '내가 주님을 사랑하는 줄 주님이 아십니다!'라고 대답할 수 있었습니다.

'The Bible'이라는 영화에서, 요한복음 21장의 장면을 본 적이 있습니다. 그 영화 속에서 베드로는 질문을 받기 전부터 울고 있었습니다. 예수께서 오라고 하시는데도 울고, 고기를 먹으면서도 울고, 계속 우는 것입니다. 이렇게 울고 있는데 예수께서 마음을 찌르시는 질문을 하시는 것이었습니다. '베드로야, 너는 나를 사랑하느냐?' 그때 베드로가 울면서 대답합니다. '주님, 제가 주님을 사랑하는지 주님이 아십니다!' 이렇게 세 번이나 예수님은 자신을 사랑하는지 물으셨습니다.

필레오의 사랑에서 아가페의 사랑으로

왜 세 번이나 질문하셨을까요? 일반적으로 알려져 있듯이, 베드로가 예수께서 잡히시던 밤에 세 번 부인했기 때문에 세 번 물어보셨다고 생각할 수도 있을 것입니다. 그런데 저는 조금 다르게 생각합니다. 성경을 보면, 예수께서 던지신 질문에서 '사랑'이라는 단어는 헬라어로 '아가페(Αγάπη)'입니다. 예수께서 요구하시는 사랑은 '아가페'였습니다. 베드로에게 예수님을 '아가페'로 사랑하는지를 물으신 것입니다. 그런데 베드로의 대답은 '필레오(φιλέω)'였습니다. "주님, '아가페'는 자신 없구요. '필레오'로는 사랑할 수 있습니다." 이렇게 대답한 것입니다. '필레오'는 사람 사이의 사랑으로서는 최고라고 할 수 있습니다. 그런데 '아가페'는 사람이 할 수 없는 신적인 사랑, 하나님의 사랑입니다. 베드로는 신적인 사랑인 '아가페'는 할 수 없지만 '필레오'로는 사랑할 수 있다고 대답한 것입니다.

그런데 예수님이 두 번째 또 물으십니다. "베드로야, 너는 나를 아가페 할 수 있지 않니?" 그러나 베드로는 계속해서 "주님, 저는 '필레오'로 사랑할 수 있습니다." 이렇게 대답했습니다. 그러자 이번에는 예수께서 질문의 단어를 바꾸어 물어보십니다. "그러면 '필레오'의 사랑은 할 수 있니?" 우리나라 말로는 동일한 사랑이라는 단어지만, 헬라어로는 '아가페'에서 '필레오'로 바뀐 것입니다. 그랬더니 베드로가 "네, 주님. 제가 '필레오'의 사랑은 할 수 있습니다."라고 대답했습니다. 베드로는 자신의 한계를 분명하게 느꼈기 때문에, 자신이 그 이상의 사랑은 할 수 없다고 생각한 것입니다. 그래서 사람이 할 수 있는 '필레오'의 사랑은 할 수 있지만, 그 이상의 사랑인 '아가페'는 감히 할 수 없다고 대답한 것입니다.

그런데 우리가 알다시피, 베드로가 순교할 때 자신은 예수님처럼 죽을 수 없다고 거꾸로 십자가에 못 박혀 죽었습니다. 베드로는 '필레오'의 사랑을 고백했지만, 예수님을 사랑하고 있다는 사실을 깨닫고 지속적으로 예수님의 사랑에 거하면서 '아가페'의 사랑이 가능하게 되었습니다. 자기 힘으로는 할 수 없는 일이었지만, 지속적으로 예수님의 사랑 안에 거하면서 '아가페' 사랑까지 하게 되었던 것입니다. '필레오'의 사랑밖에는 할 수 없다는 베드로의 대답을 예수께서 들어주셨지만, 결국 예수님은 베드로가 '아가페'의 사랑을 할 수 있도록 만들어 주신 것입니다.

혹시 사역에 실패했다고 낙담하고 인생에서 밑바닥이라고 생각하시는 분들이 계십니까? 하나님께서는 그런 당신에게 요한복음 21장의 이야기를 들려주시고 싶을 것입니다. 삼 년 반의 시간이 모두 헛된 것 같았습니다. 예수님의 제자 훈련은 실패한 것 같았습니다. 그러나 예수님은 제자들을 예수님 없이는 살아갈 수 없는 존재, 예수님을 사랑하지 않고는 살아갈 수 없는 존재로 만들어 놓으셨습니다. 예수님만 사랑할 수 있다면, 그래서 그 사랑이 지속적으로 유지될 수 있다면, 내 힘으로는 할 수 없지만, 사랑을 주시는 그분의 능력 안에서 '아가페'의 사랑으로 끝맺음을 할 수 있습니다. 하나님은 그것을 원하고 계십니다. 이렇게 요한복음 21장의 예수님과 제자들의 이야기는 완전한 사랑으로 마무리됩니다. 처음부터 '아가페' 사랑을 할 수는 없습니다. 그러니 베드로처럼 있는 그대로 대답하면 됩니다. 그러면 예수께서 완전한 사랑 안에서 우리를 바꾸어 가실 것입니다. 우리는 '필레오'의 사랑밖에는 할 수 없는 존재이지만, 예수님의 사랑 안에서 '아가페'의 사랑을 하는 자로 바뀌어 갈 것입니다. 중요한 것은 하나님과의 사랑입니다.

5장

십자가와 온전한 사랑

> 예수께서 이르시되 네 마음을 다하고 목숨을 다하고 뜻을 다하여 주 너의 하나님을 사랑하라 하셨으니 이것이 크고 첫째 되는 계명이요 둘째도 그와 같으니 네 이웃을 네 자신 같이 사랑하라 하셨으니 이 두 계명이 온 율법과 선지자의 강령이니라(마 22:37-40)

끝까지 십자가를 지기 위해

사랑을 하면 나타나는 열매들이 있습니다. 사랑을 하면 사랑하는 대상에 대한 믿음이 깊어집니다. 우리가 산을 옮길만한 믿음을 달라고 기도하지만, 논리적으로 생각해 보면, 우리 안에 하나님에 대한 믿음이 더 강하게 자리 잡게 하는 것은 사랑이라고 할 수 있습니다. 하나님을 사랑하는 만큼, 그리고 그분의 사랑을 받은 만큼, 그분에 대한 믿음이 강해져 가는 것입니다. 한 남자와 한 여자가 만나 사랑을 하게 되었을 때, 서로 사랑하면서 믿음이 깊어져 가는 것이지, 처음부터 믿음이 깊어서 사랑하는 사람은 없을 것입니다.

하나님의 사랑을 받는 만큼, 그리고 사랑을 표현하는 만큼, 믿음이 깊어져 갑니다. 그리고 중요한 것은 사랑하는 만큼, '자기 포기'가 가능해진다는 것입니다. '내려놓음'이 가능해집니다. 이것이 십자가와 온전한 사랑과의 관계입니다. 하나님의 사랑이 없이는 하나님이 아무리 죄 된 자아를 내려놓으라고 해도, 그리고 내가 내려놓고 싶어도, 내려놓지 못합니다. 강하게 때려서 한 번에 내려놓게 할 수도 있지만, 그러한 방법은 유익이 없습니다. 엄마가 고집을 피우는 아이의 고집을 꺾을 수 있는 방법이 여러 가지가 있을 것입니다. 무섭게 혼내고 때려서 고집을 꺾을 수도 있겠지만, 아이에게도 효율적이고 엄마에게도 좋은 방법은 달래는 것입니다. 사랑으로 달래는 것입니다.

주님을 위해 헌신하고 결단한다고 하는 것은, 자신의 것을 내려놓는 일이고, 십자가를 지는 과정입니다. 그런데 한 번의 결단으로 내려놓는 일이 가능할 수 있을지는 모르지만, 지속적으로 십자가를 지고 가기 위해서는 사랑이 필요합니다. 하나님과의 사랑의 관계 안에 있을 때, 우리는 하나님이 원하지 않는 모든 것을 완전히 내려놓을 수 있을 것입니다. 그렇게 함으로 끝까지 십자가를 지고 가는 것입니다.

주 뜻 이룰 때까지 기다려

만약 무엇인가를 내려놓고 포기해야 한다는 것을 알고는 있지만 잘되지 않는다면, 그것은 사랑의 문제일 수 있습니다. 사랑을 받으면 내려놓을 수 있습니다. 그리고 사랑을 받았기 때문에 또 하나 가능한 것이 있습니다. 그것은 기다리는 것입니다. 하나님의 사랑을 충분히 받은 사람은 주님의 시간을 기다릴 수 있습니다. 그런데 주님의 시간을 기다리지 못하는 사람들의 특징은 사랑에 아직 갈급해 있다는 것입니다. 사랑이 많은 사람일수록 급하지 않습니다. 하나님의 사랑으로 가득 채워진 사람일수록 기다릴 수 있습니다.

'주님의 시간에'라는 찬양이 있습니다. "주님의 시간에, 주 뜻 이뤄지리 기다려. 하루하루 살 동안 주님 인도하시니 주 뜻 이룰 때까지 기다려" 참 은혜로운 찬양이지요! 그런데 한편으로는 어려운 찬양이기도 합니다. '언제까지 기다려야 하나요? 가사는 좋지만 지금 상황은 기다리고만 있을 때가 아닌 것 같은데…….' 그렇게 느껴진다면, 그때는 사랑이 필요한 때입니다. 그때는 조용히 주님의 사랑을 경험하게 해달라고 기도해야 합니다. 그렇게 기도하고 하나님의 사랑이 부어질 때 비로소 기다릴 수 있게 됩니다. 찬양의 가사가 참 은혜롭고 마음에 와 닿기도 하지만, 그 가사 대로 살아가는 것은 또 다른 문제인 것 같습니다. 그래도 찬양을 부르면서 은혜가 있기 때문에 그 힘으로 조금은 버텨낼 수는 있겠지만, 그러나 정말 주님의 시간까지 기다리는 것은 별개의 문제입니다. 그렇기에 찬양의 가사대로 우리가 살아가기 위해서는, 찬양을 부르고 고백하는 것만이 아니라, 그렇게 살아갈 수 있도록 해 줄 수 있는 동력을 설명해 주는 것이 중요합니다.

하나님의 사랑이 내 안에 있으면 기다릴 수 있습니다. 한 아이가 엄마의 사랑을 많이 받고 자랍니다. 그런데 "엄마가 어디 갔다 올 테니 기다려"라고 하면, 아이는 엄마의 말을 믿고 기다릴 것입니다. 엄마가 한 번도 의심받는 일을 한 적이 없고, 둘 관계는 사랑으로 돈독하기 때문입니다. 그러면 이 아이는 끝까지 기다릴 수 있습니다. 그런데 엄마가 아이에게 사랑을 충분히 주지 못했고 신뢰가 쌓이지 못했다면, 엄마가 아이에게 기다리라고 할 때, 아이는 기다리기 어려울 것입니다. 사랑이 믿음으로 연결되지 못했기 때문입니다. 내가 신앙하는 분이 나에게 사랑을 듬뿍 주는 것을 경험하고 있다면, 그분을 신뢰할 수 있고 기다릴 수 있습니다.

바울 사도는 로마서 5장 2-5절에서 "또한 그로 말미암아 우리가 믿음으로 서 있는 이 은혜에 들어감을 얻었으며, 하나님의 영광을 바라고 즐거워하느니라. 다만 이뿐 아니라, 우리가 환난 중에도 즐거워하나니, 이는 환난은 인내를, 인내는 연단을, 연단은 소망을 이루는 줄 앎이로다. 소망이 우리를 부끄럽게 하지 아니함은 우리에게 주신 성령으로 말미암아 하나님의 사랑이 우리 마음에 부은바 됨이니"라고 말씀하고 있습니다.

세상을 살아가다 보면 원하지 않는 일이 기다리고 있을 때가 있습니다. 그런데 그러한 상황에서 받았던 은혜를 깨뜨리면 안 됩니다. 바울은 환난 중에도 즐거워할 수 있는 이유는, 환난이 인내를 이루기 때문이라고 했습니다. 그런데 환난이 인내를 이룰 수 있는 것은, 무엇인가 전제되어 있기 때문입니다. 그것은 하나님과의 사랑의 관계 안에 있다는 것입니다. 그 사실이 로마서 5장 1, 2절에 나옵니다. "그러므로 우리가 주 예수 그리스도로 말미암아 하나님과 화평을 누리자. 또한 그로 말미암아 우리가 믿음으로 서 있는 이 은혜에 들어감을 얻었으며 하나님의 영광을 바라고 즐거워하느니라."

하나님과의 관계 안에서 사랑이 부어지지 않는다면, 환난이 인내를 낳는 것이 아니라, 환난은 분노를 낳고, 분노는 자극을 낳고, 자극은 죽음을 낳게 된다고 기록했을 것입니다. 그런데 사랑을 받은 사람은 환난이 왔을 때 기다릴 줄 압니다. 그 아들을 십자가에서 못 박으사 우리를 구원하신 하나님께서 이 어려움 속에 그냥 내버려 두지 않으실 것이란 믿음으로 기다릴 수 있게 되는 것이지요.

5장. 십자가와 온전한 사랑

그분을 신뢰하기 때문에 기다리게 되는 것입니다. 그렇게 기다리다 보면, 인내는 연단을 이루고 연단은 소망을 이루는 통로가 됩니다.

그중에 제일은 사랑

바울 사도는 고린도전서 13장 마지막 절에 이렇게 기록하고 있습니다. "믿음, 소망, 사랑, 이 세 가지는 항상 있을 것인데, 그 중의 제일은 사랑이라" 왜 사랑이 제일일까요? 사랑함으로 소망이 생기고, 사랑함으로 믿음이 생겨나기 때문이 아닐까요? 그래서 바울 사도는 예언도 폐하고, 방언도 폐하고, 지식도 폐하지만, 사랑은 언제까지나 떨어지지 않는다고 말하는 것입니다. 모든 것을 다 할 수 있어도, 사랑이 없으면 아무것도 아니라고 말하는 것입니다. 자신이 은사를 가지고 있다고 자랑할 것이 아닙니다. 자신이 가지고 있는 지식도 자랑할 것이 없습니다. 사랑이 없으면 아무것도 아니기 때문입니다.

위대한 신학자들을 살펴보더라도, 기독교의 핵심 주제를 연구하다가 진정한 기독교의 진수를 발견한 신학자들의 마지막 고백은 사랑으로 끝맺는 것을 봅니다. 그래서 웨슬리(John Wesley)는 성결이 무엇인지를 설명하면서, '그것은 사랑의 외적 표현'이라고 주장합니다. 그리스도인들이 하나님께로부터 받은 사랑이 외적으로 표현된 것이 성결이라는 것입니다. 사랑은 인내할 수 있게 만들고, 내려놓을 수 있게 만듭니다. 그런데 더 중요한 것은, 사랑은 외적으로 표현할 수 있어야 한다는 것입니다.

십자가의 온전한 사랑을 받은 우리는 그 온전한 사랑을 표현할 수 있어야 합니다. 요한일서 4장 18절을 보면, "사랑 안에 두려움이 없고 온전한 사랑이 두려움을 내쫓나니 두려움에는 형벌이 있음이라 두려워하는 자는 사랑 안에서 온전히 이루지 못하였느니라"라고 말씀하고 있습니다. 두려움이 오는 것을 물리치지 않으면, 그 두려움이 기반이 되어서 마음이 굳어지게 되고, 좋지 않은 것들이 함께 몰려온다는 사실은 이미 살펴보았습니다. 그런데 여기서 주목해야 할 것은, 사랑 안에 두려움이 없다고 이야기하면서, 두려움을 내쫓는 것은 '온전한 사랑'이라고 말하고 있는 점입니다. 사랑 안에 두려움이 없고 사랑은 두려움을 내쫓는다고 하지 않고, 온전한 사랑이 두려움을 내쫓는다고 표현한 것입니다. 왜 성경은 온전한 사랑이라고 표현했을까요? 그렇다면 온전한 사랑이 무엇일까요? 말 그대로 '사랑이 완성된 것이 온전한 사랑'이라고 할 수 있겠지만, 그것은 너무 막연한 설명일 것입니다. 결론적으로 이야기하자면, 온전한 사랑은 균형 잡힌 사랑, 즉 하나님 사랑과 이웃 사랑이 균형을 이루는 것이라고 할 수 있습니다. 이것이 완성된 사랑입니다.

신앙의 균형

기독교의 핵심 진리들을 연구하고 묵상하다 보면 깨닫는 것이 있는데, 그것은 신앙의 균형이 중요하다는 것입니다. 신앙은 항상 균형을 이루어야 합니다. 처음에는 각자가 받은 은사대로 한쪽에 치우칠 수 있습니다. 그런데 어느 정도가 되면, 균형을 이루어 가야 신앙의 거장이 되어 갈 수 있습니다. 사랑도 마찬가지입니다. 처음에는 하나님의 사랑을 받고 하나님을 사랑하기 위해 노력합니다. 그 사람의 목적은 오로지 하나님과 하나가 되는 것입니다. 훌륭한 목적이지요. 그런데 이것만 추구하는 사람들을 기독교 신비주의자라고 말합니다. 신비주의가 나쁜 것이 아닙니다. 너무나도 잘 알려진 『그리스도를 본받아』라는 기독교 신비주의의 고전적인 책을 쓴 토마스 아 켐피스가 주장하는 핵심은, '어떻게 하면 하나님의 사랑을 받고 하나님을 더 깊이 사랑하며 하나님과 하나가 되는가?'라는 것이었습니다. 이것은 신앙에서 너무 중요합니다.

그러나 하나님을 사랑하는 것이 가장 중요한 근원이 되기는 하지만, 그것은 한쪽만 강조한 것입니다. 한평생 하나님을 온전히 사랑하기 위해 노력하다가 인생을 끝마친 사람도 많이 있습니다. 그런데 성경은 처음부터 하나님 사랑과 이웃 사랑을 같이 언급하고 있습니다. 십계명에서도 하나님 사랑과 이웃 사랑을 같이 강조하고 있습니다. 그러므로 사랑을 주제로 신앙의 균형을 이룬다고 하는 것은, 하나님을 사랑하는 것과 이웃을 사랑하는 것이 같이 실천되어야 한다는 것입니다.

한 가지 예를 들고자 합니다. 오해하지 말고 정치적으로 해석하지 말고 생각해 보셨으면 좋겠습니다. 세월호 문제만 나오면 정치적으로 해석을 하고 편을 가르시는 분들이 많지만, 정치적인 해석을 차단하고, 세월호 안에서 죽어 간 학생들을 한번 생각해 보았으면 합니다. 그 사건이 터졌을 때, 그 학생들과 저의 딸들이 비슷한 나이 또래였습니다. 그런데도 그 사건이 터지고 뉴스를 볼 때마다 너무 안타깝고 슬프기는 하였지만, 내 일처럼 생각하며 아파하지는 못하였습니다. 그 학생들은 얼마나 답답하고 힘들었을까? 부모님들은 그 아이들을 한순간 잃어버리고 얼마나 고통스러웠을까? 라고 동감하며 눈물을 흘리지 못하였습니다.

그 당시 제 친구가 페이스북에 이런 글을 썼습니다. "나는 내 신앙을 위해서 금식하고, 신앙의 성장을 위해 하나님 앞에 철야하고 부르짖은 적은 많지만, 세월호에서 죽어간 아이들과 그 부모 때문에 금식하기는 처음입니다. 하나님 금식하며 기도합니다. 그들을 위로하여 주옵소서." 그런데 그 글이 저에게 깊게 도전이 되었습니다. 저 역시 전도자로 영혼을 사랑한다고 하면서도, 세월호 이야기를 그냥 하나의 아픈 뉴스로만 생각했던 것입니다. 내 가족이나 내 지인과 연결된 일이 아니기 때문에, 객관적으로 아프고 힘들겠다고만 생각했지, 더 깊게 동감하지는 못했던 것입니다. 그런데 제 친구는 마치 자신의 신앙의 성장을 위해, 또는 문제를 해결하기 위해 금식하고 기도하는 것처럼, 세월호 아이들을 위해 금식하며 기도한다는 글이 제 마음을 깊이 울렸던 것입니다. 그리고 이러한 모습들이 진정으로 이웃을 사랑하는 모습이며 하나님이 원하시는 사랑이 아닐까 생각하게 되었습니다.

이 사람의 이웃이 누구입니까?

내 주변에 사랑을 받을만한 사람들을 사랑하는 것도 사랑이겠지만, 하나님께서 말씀하시는 진정한 이웃 사랑은 무엇일까요? 어떤 사람이 강도에게 당하여 쓰러져 있는데, 그 옆을 제사장이 지나가고, 레위인이 지나가고, 유대인이 지나가는데, 아무도 거들떠보지 않습니다. 왜 그랬을까요? 무엇보다도 유대인이 가지고 있는 정결법 때문일 것입니다. 피 흘리는 사람들 근처에 가는 것 자체가 부정한 일이기 때문입니다. 아마도 그들은 정결법의 본질이 무엇인지 잘 모르고 그렇게 행동한 것 같습니다. 신앙의 핵심은 사랑인데, 사랑의 하나님이 정결법을 지키기 위해 어려운 사람을 돕고 사랑하는 것을 금지하실까요? 저는 아니라고 생각합니다.

그런데 사마리아인은 강도 만난 사람을 보고 그를 나귀에 태워 여관에 데리고 가서 치료를 받게 해 주고 모든 것을 다 베풀어 줍니다. 이 비유를 말씀해 주신 후, 예수께서 물어보십니다. "이 사람이 이웃이 누구겠느냐? 이 강도 당한 사람의 이웃이 누구겠느냐?" 지금 예수께서는 나와 여러분에게도 이렇게 질문하고 계시지 않을까요? "오늘날 그리스도인들은 세상에 진정한 이웃이 되고 있느냐?" 십자가에서 베풀어 주신 하나님의 사랑만 이야기하고 은혜롭게 끝내면 좋을 것입니다. 그런데 온전한 사랑은 거기서 끝나는 것이 아닙니다. 예수님이 오늘 이 땅에 오신다면 마음 아파서 울고 있는 자들에게 먼저 달려가지 않으실까요?

온 율법과 선지자의 강령

온전한 사랑이라는 것은 균형 잡힌 사랑입니다. 마태복음 22장 37-40절을 보면 "예수께서 이르시되 네 마음을 다하고 목숨을 다하고 뜻을 다하여 주 너의 하나님을 사랑하라 하셨으니 이것이 크고 첫째 되는 계명이요 둘째도 그와 같으니 네 이웃을 네 자신 같이 사랑하라 하셨으니 이 두 계명이 온 율법과 선지자의 강령이니라"라고 말씀하셨습니다. 이 말씀을 보니, 하나님을 사랑하고 이웃을 사랑하라는 이 두 가지 계명이 온 율법과 선지자의 강령이라고 이야기합니다. 하나님의 사랑이 이웃을 사랑하고 세상을 사랑하는 근원이 되는 것입니다. 그렇기에 하나님 사랑이 먼저 강조되어야 함은 분명합니다. 그런데 하나님 사랑에만 머무는 것은 사랑의 한쪽밖에 모르는 것이 되는 것입니다. 그래서 온전한 사랑이 중요한 것입니다.

  구약에 있는 모든 율법을 요약하면 사랑으로 요약할 수 있는데, 그 사랑이 바로 하나님 사랑과 이웃 사랑입니다. 그렇기에 먼저는 하나님을 사랑하기 위해, 그리고 하나님과 하나가 되기 위해 부단히 노력해야 합니다. 그러나 하나님 사랑에만 머물러 있으면 안 됩니다. 하나님의 사랑을 이웃에게 흘려보내야 합니다. 나와 상관없는 사람이라고 할지라도, 이웃과 세상을 품고 예수님처럼 울 수 있어야 합니다. 만약에 길을 가다가 어려움을 당했는데 아무도 거들떠보지도 않는다면 어떨까요? 아마도 험악한 세상이라면서 한탄하지 않을까요? 내가 아파보고 어려움을 당해보니까 사랑이 필요하다는 것을 깨닫게 되는 것입니다. 만약 그것을 깨닫지 못했다면,

나도 그 세상의 일원인 것입니다. 내가 십자가를 통하여 하나님의 사랑을 깊이 경험하였다면, 세상에 사랑을 흘려보내는 일이 십자가를 지는 일처럼 힘들게 느껴지더라도 그 십자가를 져야 합니다. 사랑이 있으면 질 수 있습니다. 그때 균형 잡힌 사랑, 온전한 사랑을 할 수 있습니다.

얼마 전에 운동을 하다가 허리가 삐끗했는데, 허리가 무너지는 것 같더니 그 자리에 풀썩 주저앉고 말았습니다. 그런데 주변에 있는 사람들이 아무도 관심을 보이지 않는 것입니다. 물론 저를 아는 사람이 없었습니다. 그래서 어쩔 수 없이 혼자 일어나려고 하는데, 너무 아파서 일어날 수가 없었습니다. 아무도 도와주지 않아 겨우 몸을 움직여서 일어날 수밖에 없었습니다. 그 상황에 괜히 서글퍼졌습니다. 아는 사람이 없었기 때문에 그렇다고 생각했지만, 누구 한 사람이라도 도와주었으면 좋았을 것 같았습니다. 그 사람이 그리스도인이었으면 좋겠습니다. 나와 상관없는 사람이지만, 달려가서 마치 내 일처럼 도와줄 수 있는 사람이 예수 믿는 사람이었으면 좋겠습니다.

형제를 사랑함으로

요한복음 1장 12절을 보면 "영접하는 자 곧 그 이름을 믿는 자들에게는 하나님의 자녀가 되는 권세를 주셨으니"라고 기록하고 있습니다. 이 말씀을 보면 영접하는 자, 그 이름을 믿는 자들에게 하나님의 자녀가 되는 권세를 주신다고 기록하고 있습니다. 요한복음은 사도 요한이 기록하였습니다. 사도 요한이 쓴 또 다른 성경인 요한일서 3장 14절을 보면 "우리는 형제를 사랑함으로 사망에서 옮겨 생명으로 들어간 줄을 알거니와 사랑하지 아니하는 자는 사망에 머물러 있느니라"라고 기록하였습니다. 요한일서에서는 형제를 사랑함으로 사망에서 옮겨 생명으로 들어간다고 말씀하고 있습니다. 하나님의 자녀가 되었다는 것은 영생을 얻었다는 것입니다. 요한복음 1장 12절과 요한일서 3장 14절은 똑같이 영생을 얻는 방법에 대해 이야기하고 있습니다.

이 두 구절을 다른 사람이 썼으면 다른 사람이 썼기 때문에 표현이 다르다고 할 수 있을 것입니다. 그러나 요한 사도는 요한복음서에는 믿음을 강조하고 요한일서에서는 사랑을 강조하고 있습니다. 도대체 어떻게 해야 영생을 얻을 수 있다는 것인지 혼란스러울 수 있습니다. 예수님을 믿고 영접을 해야 영생을 얻는 것인지, 아니면 형제를 사랑해야 영생을 얻는 것인지 말입니다. 둘다 믿음으로 가능합니다. 요한 사도가 말을 바꾸어 놓은 이유가 있습니다. 둘다 믿는다는 것입니다. 그런데 예수님을 진정으로 믿는 믿음은 예수님처럼 형제를 사랑하는 모습으로 표현이 된다는 것입니다.

사도 요한은 사랑의 사도라고 불립니다. 요한복음에 보면 '예수님이 사랑하시는 제자'라는 표현이 등장하는데, 그 제자가 바로 사도 요한입니다. 예수님의 사랑을 많이 받은 요한은 사랑을 깊이 깨닫고, 요한일서에서 그 사랑에 대해 이야기하고 있습니다. 사랑이 믿음을 낳고, 사랑이 믿음을 성장하게 하고, 사랑이 인내도 가져오고, 사랑이 자기 포기를 가져온다고 말하는 것입니다. 그런데 믿는다고 하면서, 그 믿음이 밖으로 전혀 표현되지 않는다면, 그것이 진정한 믿음일까 생각해 보아야 합니다. 그래서 사도 요한은 형제를 사랑함으로 사망에서 옮겨 생명으로 들어간다고 표현한 것입니다.

요한일서 4장 20절을 보면 "누구든지 하나님을 사랑하노라 하고 그 형제를 미워하면 이는 거짓말하는 자니 보는바 그 형제를 사랑하지 아니하는 자는 보지 못하는바 하나님을 사랑할 수 없느니라"라고 말씀합니다. 하나님을 사랑한다는 것은 형제를 사랑한다는 것과 동일한 것입니다. 믿기만 하면 구원을 받는다는 말이 맞지만, 이것은 입술로 인정하거나 동의한다는 말이 아닙니다. 예수를 믿는 사람들에게는 예수를 믿는 증거가 나와야 하는데 그 증거가 바로 사랑입니다.

흔히 전도는 사람을 교회로 데려오는 것이라고 생각합니다. 그런데 진정한 전도는, 하나님의 사랑을 받아 너무 기쁘고 행복하기 때문에 다른 사람에게도 그 사랑을 경험할 수 있도록 하나님의 사랑을 세상을 흘려보내는 것입니다. 사실 이것이 전도의 가장 기본입니다. 그런데 이러한 기본을 잘 모르는 교회나 그리스도인들은 효율적인 전도를 위하여 방법을 내놓으라고 합니다. 방법이 중요하지 않은 것은 아니지만, 방법으로 전도하는 것이 아닙니다. 영혼에 대한 사랑이 없는데, 영혼들이 귀중하게 여겨질까요? 교회로 데리고 와서는 무엇을 하시려고요? 교회로 데리고 올 필요가 없다는 이야기가 아닙니다. 교회로 데리고 와서 무엇을 할 것인가 하는 것입니다. 교회로 데리고 와서 우리가 해야 할 일은 바로 사랑을 나눠주는 일입니다. 요한일서 4장 21절에도 동일한 말씀이 나옵니다. "우리가 이 계명을 주께 받았나니 하나님을 사랑하는 자는 또한 그 형제를 사랑할지니라."

이기적인 기독교

혹시 이웃을 사랑하라는 이 말씀이 부담스럽게 느껴질지 모르겠습니다. 또는 당장 실천할만한 힘이 없다고 생각하실지 모르겠습니다. 그러나 이웃을 향한 사랑의 실천이 없다면 기독교는 이상한 종교가 되고 맙니다. 제가 생각할 때, 오늘날 한국교회의 가장 큰 문제점은 이타적이어야 할 종교가 이기적인 종교가 되어가고 있다는 것입니다. 나밖에 모르는 것입니다. 내가 구원받아야 하고, 내가 은혜받아야 하고, 내가 은사 받아야 하고, 모든 것이 '나', '나', '나' 중심으로만 돌아갑니다. 순서적으로는 옳습니다. 먼저 내가 구원받아야 하고, 먼저 내가 은혜를 받아야 합니다. 그러나 그다음에는, 그 받은 사랑과 은혜를 다른 사람에게 흘려보내야 합니다. 내가 받은 은사로 다른 사람을 세워야 합니다. 그래서 저는 선교지로 떠나는 선교사님들을 참 존경합니다. 그리고 선교지로 떠나지는 못하더라도, 그리스도의 사랑을 전하기 위해 전도하면서 몸부림치는 그리스도인들을 존경합니다. 이것이 형제 사랑의 가장 모범되는 사례이기 때문에 그렇습니다.

제가 신학대학원에서 보직을 맡아 학생들 새벽기도회를 인도한 적이 있습니다. 기숙사에 사는 신학대학원 학생들과 새벽 예배를 드리는데, 각방 별로 특송을 부르자고 제안했습니다. 그런데 어느 날 특송을 부르러 나온 학생들이 처음 듣는 찬양을 부르는데, 그 찬양을 듣다가 제가 설교를 못할 정도로 많이 울었습니다. '선교사'라는 찬양이었습니다. 처음 듣는 찬양이었는데, 그 가사가 너무 와 닿았습니다. 요즘 신학대학원 학생들이라도 함부로 부르자고 할 수 없는 찬양들이 있습니다. 대표적으로 "부름받아 나선 이 몸"

이런 찬양들이 있습니다. 잘 안 따라 부릅니다. 그런데 새벽에 학생들이 나와서 이 찬양을 부르는데, '저 젊은 친구들이 가사의 내용을 알고 부르는 것이겠지? 주님 앞에 결단하는 것이겠지?'라고 생각하니 눈물이 났습니다. 그리고 저를 돌아보게 되었습니다. 저를 신학대학교의 교수로 부르실 때는 예수 십자가를 전하라고 부르셨는데, 제가 그동안 흐트러진 부분은 없었는지, 하나님으로부터 멀어진 부분은 없었는지, 다시 돌아보게 되었습니다.

선교사

아픔 많은 세상에 주의 복음 들고 부르심 따라갑니다
슬픔과 고통이 가득한 이 땅에 눈물을 닦아 주려
어쩌면 내 삶을 전혀 돌볼 수 없을지 모르겠지만
나를 보내시고 무너진 그 땅에 내 생명 묻으소서
주님의 나라가 세워지는 것이 나의 평생소원
주님의 교회가 이곳에 세워 짐이
마지막 호흡이 끝날 때까지 나는 나아가리
그날에 그토록 보고픈 주 얼굴 보리

양화진에 가보셨나요? 우리나라에 복음을 전하기 위해 오신 선교사님들이 이름도 빛도 없이 그곳에 묻혀 있습니다. 그 선교사님들의 일기들을 읽다 보니 가슴 아픈 사연들이 많이 있었습니다. 어느 한 선교사님이 한국의 신자들을 심방하러 갈때, 자기 아이가 열이 나서 아픈 것을 놔두고 갔다 왔더니, 아이가 죽어 있는 것입니다. 남의 백성은 살리고, 자기 아이는 죽은 것입니다. 그런데 그 아이의 형제가 자라서, 부모님이 복음을 전하시던 이 나라에서 대를 이어 선교하다가 이 땅에 자기 뼈를 묻습니다. 이것이 인간적으로 가능한 이야기입니까? 선교사님들만 그렇게 사는 것이 아니라, 모든 그리스도인이 그렇게 살아야 하는 것이 아닐까요? 하나님의 사랑이 우리 안에 채워진다면 주님이 부르시는 그날까지 영혼들을 섬기고 살리며 그렇게 살아갈 수밖에 없습니다.

예수께서 그리스도인들에게 주신 '지상대명령'을 우리는 알고 있습니다. 예수 그리스도의 이름이 전파되지 않는 곳에, 하나님의 나라를 세우는 전도와 선교가 너무나 중요한 일이라는 것을 다 잘 알고 있을 것입니다. 그런데 이 일은 특정한 사람만 하는 일이 아닙니다. 하나님의 사랑을 받은 자들이 할 수 있습니다. 하나님의 사랑이 지상대명령을 실천할 수 있는 방법입니다. 저에게는 세 딸이 있습니다. 그런데 세 딸 모두 하나님 앞에 선교사로 헌신을 했습니다. 인간적으로는 제가 그 딸들에게 기대하는 것도 있지만, 그 딸들이 자신들이 한 결단을 지속적으로 이어나가며, 하나님께서 그들의 길을 열어 가시기를 하나님 앞에 간절히 기도하고 있습니다.

어차피 나그네처럼 한평생 사는데, 주를 위해 살기 원합니다. 죽어가는 영혼을 위해 살 수 있기 원합니다. 작은 예수가 되어서 하나님의 나라를 확장시키며 살기 원합니다. 자신의 이름을 드러내기보다, 자신의 능력을 드러내기보다, 한 영혼을 살릴 수 있다면, 그것이 얼마나 위대한 일일까요? 결국 그렇게 살아갈 때, 마지막에는 바울 사도와 같은 고백을 할 수 있을 것입니다. "나는 선한 싸움을 싸우고 나의 달려갈 길을 마치고 믿음을 지켰으니 이제 후로는 나를 위하여 의의 면류관이 예비 되었음으로 주 곧 의로우신 재판장이 그날에 내게 주실 것이며 내게만 아니라 주의 나타나심을 사모하는 모든 자에게도니라"(딤후 4:7-8). 나에게 맡겨진 영혼들을 사랑으로 섬기며 달려갈 길을 다 간 후에 주님의 얼굴을 뵈올 때 얼마나 기쁠까요? 그것이 저의 마지막 소원이기도 합니다.

지금 사랑하세요

성경은 항상 균형이 잡혀 있습니다. '십자가와 사랑' 이렇게 표현해도 되는데, '십자가와 온전한 사랑'이라고 표현하는 것입니다. 하나님이 우리에게 온전한 사랑을 보여주셨기에 이제는 우리가 이 세상을 향해 온전한 사랑을 보여주기 원하시는 것입니다. 지금 옆에 있는 사람을 안아주세요. 남편을 안아주세요. 아내를 안아주세요. 그리고 아이들도 안아주세요.

하나님의 사랑이 없어서 울고 지쳐서 자살을 결심하는 사람들이 얼마나 많은지 모릅니다. 얼마 전에도 제가 좋아하는 배우가 자살했다는 뉴스를 보았습니다. 드라마에서 그분의 연기를 보면서 많은 감동을 받았는데, 그분이 자살로 생을 마감했다는 소식을 들으니 너무 마음이 아팠습니다. 그분도 그리스도인이었는데, 우울증이 심했다는 것입니다. 그런 소식을 들으면, 제가 능력이 부족하지만, 그분을 한 번이라도 만나보았으면 이 사랑을 전할 수 있었을 텐데, 하는 아픔을 느낍니다. 전도는 거룩한 부담입니다. 선교는 거룩한 부담입니다. 부담스럽지만 거룩한 부담입니다. 이것이 실천되어야 온전한 사랑이 됩니다.

2부

십자가와 성령의 역사

6장
십자가와 성령의 본질적인 관계

> 내가 아버지께 구하겠으니 그가 또 다른 보혜사를 너희에게 주사 영원토록 너희와 함께 있게 하리니(요 14:16)

　기독교는 무조건 믿는 종교가 아닙니다. 아는 만큼 믿고 믿는 만큼 역사가 일어나는 종교가 기독교입니다. 호세아에 보면, "우리가 여호와를 알자 힘써 여호와를 알자"(호 6:3)고 기록되어 있습니다. 이러한 차원에서 보자면, 조금은 납득하기 어려운 내용이 있습니다. 그것은 기독교의 핵심인 십자가 복음에 관한 이야기입니다. 그리스도인들이라면 누구나 예수 그리스도가 지신 십자가가 기독교의 핵심이라고 주장하는데 동의할 것입니다. 그런데 과연 십자가 복음에 대하여 얼마나 많은 지식과 경험을 가지고 있을까요? 만약 누군가에게 십자가 복음에 대하여 설명해 주어야 한다면, 어떻게,

얼마나 자세히, 그 내용을 나눠줄 수 있습니까? 물론 십자가에 담겨 있는 기본적인 내용에 대해서는 나눌 수 있을지 모르지만, 내가 알고 있는 십자가 복음의 내용이 깊지 못하고 풍부하지 못하다면, 십자가 복음을 설명을 하고 있는 나 자신도 그러한 자신에게 한계를 느낄 수 있지 않을까요? 제가 생각하기에는, 십자가 복음에 대한 이해가 깊지 못하고 경험이 풍부하지 못하다면, 기독교의 신앙생활은 형식주의로 빠지기 쉽고, 힘을 잃어버릴 수 있습니다. 왜냐하면 십자가 복음이 신앙생활의 동력원이 되기 때문입니다.

저는 전도학을 전공했기 때문에 십자가 진리에 대해 조금 더 깊이 묵상할 수 있는 시간이 있었고, 그러다 보니 기독교의 핵심인 십자가 진리를 전하는 일에 열심을 쏟게 되었습니다. 물론 제가 십자가에 대해 다 아는 것은 아니지만, 기독교 신앙의 핵심이 십자가이기에, 깨달은 만큼이라도 십자가를 전하고자 최선을 다하고 있습니다. 십자가에 대해 묵상하고 전하면서, 십자가가 기독교의 핵심이라고 한다면, 기독교의 또 다른 중요한 주제들도 십자가와 함께 연결되어 풀어져야 하지 않을까? 라는 생각을 하게 되었습니다. 십자가와 기독교의 중요한 주제들이 함께 연결되어 풀어질 수 있다면, 십자가가 기독교의 핵심이라는 사실이 더욱 잘 드러날 수 있을 뿐만 아니라, 기독교의 핵심적인 주제들이 균형을 갖추어 통전적으로 전해질 수 있을 것이라고 생각하기 때문입니다.

여기에서 다루고자 하는 '성령'에 대한 주제도 십자가와 연결시켜 해석하고자 한 이유도 마찬가지입니다. 성령은 삼위 하나님 중의 한 분이시고 기독교의 모든 사역을 적용하시고 진행해 가시는 분이신데, 많은 그리스도인은 성령님에 대해 너무 막연하고 피상적으로만 알고 있는 것 같습니다. 사실 성령 사역의 스펙트럼이 너무 넓다 보니, 성령에 대해 이야기한다는 것은 쉬운 일은 아닙니다. 그렇기에 성령을 막연하게 다루는 것보다는, 십자가 복음과 성령을 연결하여 풀어낸다면, 가장 본질적으로 성령에 대해 이야기할 수 있을 것입니다. 성령에 대해 여러 각도에서 이야기할 수 있겠지만, 십자가를 통해 성령을 이해하고, 성령을 통해 십자가를 이해하게 된다면, 성경에서 말하고자 하는 십자가와 성령의 가장 본질적인 핵심을 이해하게 될 것입니다.

도깨비 방망이

저는 전도자이지만 또한 성령 운동가라고도 스스로 생각합니다. 성령의 역사, 도우심이 없이는 어떠한 구원의 역사도 일어날 수 없기 때문입니다. 그만큼 성령을 강조하고 성령의 역사를 간구합니다. 성령께서 역사하셔야 복음도 깨달아지고 죄를 회개하게 됩니다. 그러므로 복음을 전하는 전도자는 또한 성령 운동가가 될 수밖에 없습니다. 뿐만 아니라, 기독교의 어떤 사역도 성령의 도우심 없이는 진행될 수 없습니다. 성령께서 역사하셔야 은혜를 받을 수 있고, 성령께서 역사하셔야 병 고침을 받을 수 있고, 또한 성령께서 역사하셔야 마음의 평안도 누릴 수 있기 때문입니다. 그렇기에 저는 복음을 전하는 현장에서, 말씀을 전하는 현장에서, 그리고 제자들을 가르치고 훈련하는 모든 과정 가운데, 성령의 임재를 간구하며 성령 충만을 추구하며 나가고 있습니다.

그런데 많은 사람이 성령에 대해 오해하는 것 중의 하나는, 성령을 마치 도깨비방망이처럼 무조건 자신의 필요를 채우시는 분으로만 생각하는 것입니다. 또는 성령께서 우리에게 찾아오실 때 은사를 가지고 오시기 때문에, 성령의 사역을 은사 사역이라고만 오해하시는 분도 있습니다. 물론 성령의 다양한 은사를 받아야 하고, 다양한 성령의 은사들을 아름답게 사용해야 합니다. 그렇지만 은사를 받아야지만 성령이 역사한 것처럼 오해하고, 은사 사역이 성령 사역의 전부인 것처럼 생각하는 것은 잘못된 일입니다. 예전에 어떤 교단에서는 방언을 받지 않으면 성령을 받지 못한 것처럼 이야기한 적이 있었습니다만, 그것은 성령에 대한 잘못된 이해에 근거한 것입니다. 성령의 다양한 사역을 잘 모르기 때문에 이런 오류들이 발생합니다. 그러므로 성령에 대한 잘못된 이해에서 벗어나 바른 이해를 도모하기 위해서는, 예수님이 승천하시고 보내주신 하나님의 영으로 성령을 이해하는 것이 가장 옳다고 생각합니다. 즉, 예수님이 십자가를 통하여 완성하신 구속의 연장선상에서 성령을 이해하는 것입니다. 아무런 맥락도 없이, 나타나는 현상만을 가지고 성령의 사역을 말하는 것은 위험한 일입니다. 저도 성령에 대해서 다 알아서 이야기하는 것이 아니기 때문에, 성경의 가장 중요한 주제인 구속의 선상에서 예수님과 성령님을 연결하며, 그 안에서 성령의 사역을 해석하고자 범위를 정한 것입니다.

다 이해할 수 없는 성령의 역사

10여 년 전에 교회를 개척했을 때, 하나님께서는 제 주변에 기도하는 분들을 많이 보내주셨습니다. 교회 개척이라는 것이 제 힘으로 되는 것이 아니기 때문에, 그분들과 함께 성령의 강권적인 역사와 능력을 구했습니다. 그래서인지, 성령의 강력한 역사들이 일어났습니다. 그런 역사 중의 하나는, 제가 손을 머리에 얹고 안수 기도할 때 쓰러지는 분들이 생기는 것이었습니다. 저는 늘 하던 방식대로 단순하게 손을 얹고 기도했을 뿐이었습니다. 그런데 쓰러지는 사람들이 생겨났고, 그분들이 쓰러질 때 다치지 않도록 도와주는 사람이 필요할 정도였습니다. 처음에는 성령의 역사이기 때문에 놀라운 마음뿐이었는데, 그렇게 쓰러진 사람들의 절반 이상이 언제 일어나야 하는지 고민한다는 고백을 듣고 고민이 생겼습니다. 제 생각에는 성령의 역사로 쓰러졌기에 좀 더 깊은 영적인 단계로 들어갈 것으로 생각했는데, 오히려 쓰러진 사람들은 언제 일어나면 창피하지 않을까 고민하다가 일어난다는 것이 이해되지 않았던 것입니다.

  성령의 역사를 부정하는 것은 아니었지만, 이것을 어떻게 해석해야 할지 고민이 되었고, 하나님께 묻기 시작했습니다. 그런데 하나님께서 바로 답을 가르쳐 주지 않으셨습니다. 성경적인 답을 얻지 못하고 무작정 사역을 할 수는 없어서, 이것에 대해 성경적으로 깨달아지지 않으면 더는 이런 사역을 할 수 없다고 기도하였습니다. 그런데 그렇게 기도한 이후부터는 제가 안수 기도를 해도, 기도 받는 사람들이 쓰러지는 일들이 나타나지 않았습니다. 참 이상한 일이었습니다. 한편으로, 하나님은 그만큼 정확하고 두려운 분임을 알게 되었습니다. 그러다가 시간이 10년 넘게 흘렀습니다. 한 번은 남미 선교사 모임에서 복음을 전해달라는 요청을 받고, 아르헨티나에 가게 되었습니다. 긴 비행으로 피곤했지만, 바로 집회를 인도하게 되었습니다. 첫째 날 은혜 가운데 복음을 전하고, 둘째 날이 되었습니다. 둘째 날 제 사역을 도와 스페인 언어로 통역하시는 분은 의사셨는데, 원래 선교사로 오셨다가 선교사로서의 사명은 내려놓고 의사로서만 살아가고 있는 분이셨습니다. 그래서 저를 초청하신 아르헨티나 선교사님께서 일부러 그분에게 통역을 맡기셨다고 했습니다. 이때라도 선교의 사역을 해보라고 말입니다. 저는 모든 것을 하나님께 맡기고 말씀을 전하기 시작했습니다.

그날 본문은 창세기 3장이었는데, 말씀을 전한지 채 20분도 되지 않았을 때, 갑자기 통역하시던 의사 선생님이 '아이쿠' 하면서 배를 잡고 주저앉는 것이었습니다. 갑작스러운 상황에 잠깐 당황하긴 했지만, 의사 선생님이 바로 추스르고 일어나셨기에, 저는 다시 말씀을 전하였습니다. 하나님을 피해 숨은 아담을 향해, 하나님께서 "아담아, 네가 어디 있느냐"라고 부르시는 장면을 설명하고 있었는데, 이분이 또다시 주저앉아 갑자기 엉엉 우는 것이었습니다. 무슨 상황인지 파악하려고 하고 있었는데, 뒤에 앉아 계시던 교회 목사님과 사모님, 그리고 성도님들이 앞으로 나와서 그분을 붙잡고 같이 기도해 주시기 시작했습니다.

통역과 함께 말씀을 전하는 일이 여러 번 있었지만, 말씀을 전하는 도중에 통역하던 분이 우는 일은 처음이었습니다. 또한, 그런 상황에서 말씀 전하는 것을 중단하고 기도하고 찬양하는 일도 낯

설었습니다. 그러나 다 같이 한 마음으로 한 영혼을 위해 기도하고 찬양하는 모습이 마치 천국과 같았습니다. 성령께서 놀랍게 역사하고 있다는 것을 알 수 있었습니다. 사실 말씀을 전하다 보면, 사람들이 반응하고 은혜를 받을 것이라고 기대되는 부분이 있습니다. 그러나 그날은 저의 기대와 전혀 다르게 말씀을 전한지 채 20분도 되지 않았을 때부터 성령께서 역사하시기 시작했습니다. 처음에는 '진짜 배가 아픈가 보다'라고만 생각했습니다. 그러나 선교사의 소명을 가지고 아르헨티나로 온 사람이 그 소명을 잃어버리고 살아가다가, 말씀을 통역하는 가운데 말씀이 먼저 통역하던 사람을 터치하는 일이 일어났던 것입니다. 그 사람이 어쩔 줄 몰라 자리에 주저앉아 버렸을 때, 저는 바로 알아채지 못했지만, 늘 성령의 임재를 사모하며 성령의 역사가 있는 예배를 드리던 남미의 목사님과 사모님께서 성령의 역사에 동참하기 시작하면서, 함께 기도하고 찬양하게 되었던 것입니다.

   그런데 그때, 어느 한 목사님께서 저에게 안수기도를 요청하셨습니다. 목회지를 떠나 신학교 교수로 재직하면서 안수기도를 안 한지 오래되었지만, 성령께서 일하고 계셨기 때문에 순종하는 마음으로 안수기도를 하였습니다. 정말 오랜만에 안수기도 하는 것이었는데, 안수기도할 때, 교회 개척 초기 때처럼 기도 받는 분 중에 몇

분이 쓰러지는 일이 일어났습니다. 그날 성령께서 강하게 역사하고 계셨기 때문에, 저에게서 거두어 가셨던 그 은사가 부분적으로 회복되기 시작하였던 것입니다. 물론 아직 쓰러진 분 중에, 왜 더 깊은 단계로 들어가지 못하는 분들이 있는지 성경적인 답을 찾지는 못했지만, 이제는 예전처럼 이런 사역을 못 하겠다는 기도는 하지 않았습니다. 그러면서 느끼는 것은, 성령의 역사는 우리가 다 알 수 없을 정도로 스펙트럼이 크다는 것입니다. 성령께서는 너무나 넓은 스펙트럼을 가지고 사역하시기에, 함부로 규정할 수도 없고, 그렇다고 무조건 거부할 수도 없습니다. 그러나 그 사역을 고민하지 않고 나타나는 현상만을 가지고 이야기하다 보면, 잘못된 신비주의로 빠지기 쉽습니다. 그렇기에 성령의 창조적인 역사를 인정하면서도, 중심을 잡고 나가기 위해서는 십자가를 기초로 성령을 조명할 필요가 있습니다.

예수의 구속 사역을 집행하는 분

성령의 역사를 구하는 마음이 인간의 기복적인 마음과 자아 중심의 욕구에 맞추어지면 잘못된 방향으로 나가기 쉽습니다. 그래서 성령의 사역을 제한해서는 안 되겠지만, 분명한 기준 아래에서 성령의 사역을 조명해 나가는 것이 매우 중요하다고 생각합니다. 그 기준은 무엇일까요? 성령께서는 예수께서 우리의 구원을 완성하신 십자가라는 분명한 기준 아래서 창조적인 일을 행하십니다. 제가 이렇게 말씀드릴 수 있는 이유는, 성경이 그렇게 이야기하고 있기 때문입니다. 마치 성령께서 예수의 십자가 없이 새롭게 구속 사역을 이루어 가시는 것처럼 생각하시는 분들도 있습니다. 그러나 결론적으로 말씀드리면, 성령께서는 예수님이 온전히 이뤄놓으신 구원의 일들을 집행하는 분이시라는 것입니다.

예수님의 구속 사역을 우리로 하여금 깨닫고, 경험하게 하시는 분이 성령이십니다. 우리의 온전한 구원은 이미 예수를 통해 완성되었기 때문에, 성령께서는 새로운 구속 사역을 써 가는 것이 아니라, 이미 이루어진 예수의 구속 사역을 집행하는 분이십니다. 다시 말하면, 성령의 역사 없이는 구원의 경험과 완성이 있을 수 없다는 말입니다. 전도자이자 뛰어난 학자인 마이클 그린은 그의 책 『성령을 믿사오며』에서 성령은 항상 예수를 가리키고 있다고 이야기합니다. 성령은 예수와 떼려야 뗄 수 없는 관계라는 것입니다. 성령이 가리키는 곳은 예수이고, 성령이 가리키는 곳은 십자가입니다. 그렇기에 이런 기준 아래서 성령의 사역을 이해하는 것이 매우 중요한 일입니다.

성령과 예수와의 관계를 성경에서 정확히 말하고 있는 곳이 바로,

요한복음 14장, 15장, 16장입니다. 이 부분은 예수님의 고별 연설 장입니다. 예수님이 십자가에 죽기 전에 제자들을 모아 놓고 마지막으로 말씀하신 내용입니다. 그런데 이렇게 예수께서 마지막으로 제자들에게 고별 연설하면서 말씀하신 핵심 내용 중의 하나는 성령을 보내준다는 것이었습니다. 그리고 성령께서 오시면 어떤 일을 하실 것인지를 설명해 주셨습니다. 물론 성령에 대한 성경의 기록이 여기에만 있는 것은 아니지만, 예수께서 구속의 완성을 위해 십자가를 지시기 바로 직전에 당신의 죽음과 성령과 어떤 연관이 있는지를 예수님의 입으로 직접 말씀해 주셨습니다. 그래서 성령에 대해 이야기할 때, 이 부분은 매우 중요할 뿐만 아니라 이 말씀을 제외하고 성령에 대해 이야기한다는 것은 편협한 이해를 불러올 수밖에 없습니다.

동행하시는 성령님

요한복음 14장부터 16장의 말씀이 모두 성령에 대해서만 이야기하는 것이 아니기 때문에, 그 가운데 성령에 대해 말씀하고 있는 구절들을 모아 살펴보도록 하겠습니다. 먼저 요한복음 14장 16절에는, 성령께서 하시는 가장 기본적인 일들에 대해 기록하고 있습니다. "내가 아버지께 구하겠으니 그가 또 다른 보혜사를 너희에게 주사 영원토록 너희와 함께 있게 하리니" 성령께서 하시는 가장 기본적인 일은, 믿는 우리 속에 거하시면서 우리와 함께 하신다는 것입니다. 다시 말하자면, 예수께서 성령을 우리에게 보내주시는 가장 중요한 이유는 우리와 한시도 떨어지지 않고 동행하기 위해서입니다. 이것이 성령의 가장 기본적이고 중요한 역할입니다. 예수님은 인간의 몸을 입고 오셨기 때문에, 육신의 한계를 가지고 있었습니다. 이러한 육체의 한계 때문에 언제나 제자들과 같이 있으실 수 없었습니다. 그래서 예수님은 자신이 떠나가는 것이 유익이라고 말씀하셨습니다. 왜 예수께서 떠나가는 것이 유익이겠습니까? 여러 가지 이유가 있을 수 있지만, 가장 중요한 것은 예수님은 육신의 한계 때문에 항상 우리와 함께 계실 수 없었지만, 성령께서는 우리 안에 계셔서 늘 우리와 함께하실 수 있기 때문이라고 할 수 있습니다.

진리의 영으로 함께하심

또한 요한복음 14장 17절에서는 예수께서 성령을 "진리의 영"이라고 소개하고 있습니다. "그는 진리의 영이라 세상은 능히 그를 받지 못하나니 이는 그를 보지도 못하고 알지도 못함이라 그러나 너희는 그를 아나니 그는 너희와 함께 거하심이요 또 너희 속에 계시겠음이라." 만약 우리가 성령 충만하지 못하고 성령의 역사가 일어나지 않는다면, 거기에는 다양한 이유가 있을 것입니다. 그런데 이 말씀을 근거로 유추해 볼 때, 그 이유 중의 하나는 우리가 진리를 추구하지 않고, 진리 안에 거하지 않기 때문이라고 할 수 있습니다. 성령께서는 진리의 영이기 때문에, 우리가 진리 가운데 거할 때, 진리의 영이신 성령께서 진리 가운데로 오시는 것입니다.

성령의 역사를 간구하면서, 그리고 성령께서 일하시기를 원하면서, 내 삶과 내 생각이 진리를 떠나 있다면, 그것은 어불성설(語不成說)이 될 것입니다. 진리의 영께서 자유롭게 역사하시고 충만하게 임하시려면 먼저 우리가 진리 가운데 있어야 합니다. 그런데 그냥 성령을 부어달라고 기도하는 것, 성령 충만하기를 원한다고 부르짖기만 하는 것도 중요하지만, 그 것은 마치 어린아이가 막무가내로 떼를 쓰는 것과 같습니다. 만약에 진짜로 성령께서 우리 가운데 임재하신다면 어떻게 될까요? 그 진리 앞에 우리의 거짓들이 낱낱이 드러나 두려움 가운데 떨게 될 것입니다. 그렇기에 우리는 성령의 충만을 구하기 전에, 먼저 우리의 거짓을 모두 십자가 앞에 내려놓고 진리 가운데로 나가야 합니다.

가르치시고 생각나게 하시는 성령님

요한복음 14장 26절에서는 "보혜사 곧 아버지께서 내 이름으로 보내실 성령 그가 너희에게 모든 것을 가르치고 내가 너희에게 말한 모든 것을 생각나게 하리라"고 말씀하고 있습니다. 이 구절에서도 성령의 역할에 대해 말씀하고 있습니다. 성령의 또 다른 역할은, 우리에게 계속해서 가르쳐 주시는 것입니다. 그리고 이전에 들었던 진리들을 생각나게 하십니다. 이것은 매우 중요한 역할입니다. '구슬이 서 말이라도 꿰어야 보배'라는 말처럼, 우리가 아무리 많은 성경 말씀을 알고 있다고 하더라도, 적당한 때에, 적절하게 사용하게 하시는 분은 성령이십니다. 사도행전 2장을 보면 베드로의 전도 설교가 나옵니다. 삼천 명이나 가슴을 치며 회개하게 만든 베드로의 전도 설교는, 지금까지도 그것을 능가하는 전도 설교가 없다고 말할 정도로 위대한 전도 설교로 손꼽히고 있습니다. 그런데 어부였던 베드로가 어떻게 이렇게 위대한 전도 설교를 할 수 있었을까요? 그것은 이미 익숙하게 알고 있었던 구약의 말씀들을, 성령께서 가르치시고 생각나게 하셨기 때문입니다. 그것이 구슬처럼 꿰어져 보배로운 전도 설교가 되었습니다. 만약 베드로가 구약의 말씀들을 다 외우고 있었더라도, 어디에서 어떤 말씀을 어떻게 해야 하는지는 성령께서 가르쳐 주지 않으셨다면 불가능한 일이었을 것입니다. 이처럼 성령께서 하시는 일은 모든 것을 가르치고 생각나게 하는 것입니다.

요한복음 15장 26-27절에서는 "내가 아버지께로부터 너희에게 보낼 보혜사, 곧 아버지께로부터 나오시는 진리의 성령이 오실 때에, 그가 나를 증언하실 것이요 너희도 처음부터 나와 함께 있었으므로 증언하느니라"라고 말씀하고 있습니다. 이 말씀을 보면 성령께서 오셔서 예수님을 증언할 것이라고 이야기하고 있습니다. 성령은 예수님과 떠나서 별개로 일하시고 역사하시는 분이 아니신 것입니다. 그렇기에 우리가 성령을 생각할 때 반드시 예수와 함께 떠올려야 합니다. 그리고 예수의 구원 사역, 즉 십자가와 함께 떠올릴 수 있어야 합니다. 성령께서는 하나님의 아들이신 예수께서 이 땅에 오셔서 죄인들을 위해 십자가에서 죽으시고 부활하셨다는 것을 증언하시기 위해 아버지께로부터 보냄을 받았습니다. 이와 마찬가지로 예수께서는 믿는 우리들을 예수님의 증인으로서 이 세상에 보내시는 것입니다.

책망하시는 성령님

요한복음 16장 8-11절을 보면 또 다른 성령의 중요한 역할이 나오고 있습니다. 그 핵심은 죄에 대해서, 의에 대해서, 심판에 대해서 책망하신다는 것입니다. 책망은 단순히 야단치는 것이 아닙니다. 책망은 깨닫게 하는 것입니다. 사실 책망하는 일이 쉬운 것은 아닙니다. 책망을 받거나 자신의 잘못을 지적받을 때 사람들은 매우 불쾌하게 여기고 싫어하기 때문입니다. 그렇기에 책망은 사랑이 바탕이 되어야 합니다. 사람들이 싫어하고 불쾌하게 여길 수 있지만, 그 사람이 바르게 세워지길 바라는 사랑의 마음 때문에 책망하게 되는 것입니다. 만약 이러한 사랑이 없다면 굳이 사람들이 싫어하는 일을 하지 않게 됩니다. 또한 상대방도 사랑이 느껴질 때, 그 책망을 받아들일 수 있습니다. 따라서 무엇인가 깨닫게 해 주기 위해서, 또는 바르게 고쳐주기 위해서 책망할 때는, 반드시 사랑이 전제되어야 합니다.

그런데 성령의 책망을 사랑으로 받아들이지 못하고 힘들게 여기거나 껄끄럽게 생각하면 은혜가 되지 않습니다. 사실 은혜는 내가 어떠한 존재인지를 깨닫는 것이 은혜라고 할 수 있습니다. 그것이 가장 기본적인 은혜의 시작입니다. 내가 가지고 있는 틀에서 벗어나, 하나님이 나를 바라보시는 틀 안에서 나를 바라보는 것이 은혜입니다. 하나님의 시각에서 나를 바라볼 때, 비로소 내가 어떤 존재인지 깨닫게 되고, 그런 나를 위해 십자가를 지신 예수님의 사랑이 은혜로 다가올 수 있기 때문입니다.

책망이라는 우리말의 어감은 꾸짖는 것이고 야단치는 느낌이 있지만, 실제로는 성령께서 눈물로 호소하시는 것이 책망입니다. 로마서 8장 26절의 말씀처럼 말할 수 없는 탄식으로 우리가 깨달을 수 있도록 우리의 심령에 호소하시는 것이 성령의 책망이라고 할 수 있습니다. 성령의 또 다른 이름인 '보혜사'는 헬라어로 '파라클레토스(παρακλητος)'라고 합니다. '파라(παρά)'는 '옆에서'라는 의미를 가지고 있고, '클레토스(κλητος)'는 '지지하다, 돕다, 버팀목이 된다'는 뜻을 가지고 있습니다. 이 말 그대로 해석하면 성령은 우리 옆에 계시는 분이십니다. 그런데 가만히 옆에만 계실까요? 아닙니다. 우리 옆에서 항상 우리를 지지해 주시고, 도우시고, 상담해 주시는 분이십니다. 또한 말할 수 없는 탄식으로 우리를 위해 기도해 주시는 분이 성령님이십니다.

그런데 왜 성령의 음성을 듣지 못할까요? 그것은 그분의 음성을 듣지 못하도록 우리의 마음이 무너져 있기 때문입니다. 영적인 상태가 어두워져 있기 때문입니다. 우리의 닫힌 귀가, 우리의 닫힌 눈이, 우리의 닫힌 마음이 열려야 성령님의 음성을 들을 수 있습니다. 그런데 우리의 마음이 열려서 성령님의 음성을 들어보니, 지금도 내 안에서 나를 위해 말할 수 없는 탄식으로 책망하고 계신 것입니다. 나의 죄가 얼마나 큰지, 나의 의는 얼마나 형편없는지, 그리고 내가 받을 심판은 얼마나 두려운 것인지 책망해 주십니다. 그 책망의 음성을 듣고 내가 어떤 존재인지 깨닫는 것이 바로 은혜입니다. 그렇기에 우리는 성령의 음성을 들을 수 있도록 기도해야 합니다. 우리의 마음이 열려서 성령님의 음성을 들을 수 있도록, 성령께서 책망해 주시는 음성을 들을 수 있도록 간절히 기도해야 합니다.

구원은 신앙의 시작입니다.

신앙에 대한 잘못된 오해 중의 하나가 예수를 믿고 구원을 받는 즉시 그리스도인으로의 삶이 완성된다는 착각인 것 같습니다. 구원 받은 즉시 그리스도인으로 삶이 완성되었다고 생각하기 때문에, 힘들고 어려울 때 자신이 구원받은 것이 맞는지 회의감이 들고, 하나님의 사랑을 의심하는 마음도 드는 것입니다. '나는 구원 받은 사람인데 왜 이렇게 힘들고 어렵기만 하지?'라고 말입니다. 만약 우리 안에 이런 생각이 있다면, 그것은 그리스도인의 삶에 대해 잘못 알고 있는 것일 수 있습니다. 구원받고 하나님의 자녀가 되었다는 것은, 하나님의 자녀로서의 삶이 완성되었다는 것이 아니라, 이제 하나님의 자녀로서 새로운 삶을 시작한다는 의미입니다. 그렇기에 신앙을 성장시키고, 신앙의 완성을 향해 달려가야 하는 과정에 있는 것이고, 그런 과정에서 여전히 우리는 어렵고 힘든 상황 가운데 있을 수 있다는 것을 알아야 합니다.

예수께서는 이 땅에 오신 목적을 "양으로 생명을 얻게 하고 더 풍성히 누리게 하기 위함이라"(요 10:10)고 직접 말씀하셨습니다. 그런데 왜 구원받은 우리는 생명을 풍성히 누리지 못하고 살아가고 있을까요? 여러 가지 이유가 있겠지만 성경을 근거로 이야기하자면, 예수 믿고 구원받은 다음에 해야 할 일이 있는데, 그것을 하지 않기 때문이라고 말할 수 있습니다. 생명을 풍성히 누리기 위해 영적으로 자라가는 과정을 거쳐야 합니다. 그런데 우리는 예수 믿고 구원받아 하나님의 자녀가 되면, 축복받을 것이라는 생각에만 머물러 있습니다. 구원받은 것은 시작에 불과한데, 오직 구원받는 것에만 초점을 맞추고 있으니, 구원받은 이후의 과정에 대해서는 진지하게 생각하지 못했을 수 있습니다.

멍에를 매고 예수님께 배우라

마태복음 11장 28-29절을 보면, 예수께서 사람들을 초청하실 때 "수고하고 무거운 짐 진 자들은 다 내게로 오라"고 하셨습니다. 예수께로 나오면 쉬게 해 주신다는 것입니다. 그런데 이어지는 말씀을 보면 무조건 쉬게 해 주시는 것이 아니라, 자신의 멍에를 매고 예수께 배우라고 하십니다. 그렇다면 어떻게 하는 것이 예수님의 멍에를 매고 예수님을 따라가는 것일까요? 그것은 예수님의 말씀 안에 거하는 것입니다. "그러므로 예수께서 자기를 믿은 유대인들에게 이르시되, 너희가 내 말에 거하면 참으로 내 제자가 되고 진리를 알지니 진리가 너희를 자유롭게 하리라"(요 8:31-32). 거한다는 것은 들락날락하는 것이 아니라, 계속 머물러 있는 것입니다. 그런데 우리가 주님의 말씀 안에 계속 머물러 있지 못하고 멍에 맨 것을 벗어 버리기 때문에, 진정한 안식을 누리지 못하는 것입니다. 구원받아 하나님의 자녀가 됐지만, 멍에 맨 것을 벗어버리고 멋대로 뛰다가 힘들고 어려워 세상 사람보다 더 못하게 사는 경우도 있습니다.

구원받은 우리가 주님의 멍에에 길들지 못하는 모습을 예레미야 31장 18절에서는 "멍에에 익숙하지 못한 송아지"라고 표현합니다. 송아지가 처음 멍에를 매게 되면 매우 답답하고 힘들어합니다. 그런데 답답하다고 날뛰면 길들어지지 않습니다. 멍에를 맨 송아지가 해야 할 일은 답답함을 참고 어미 소를 묵묵하게 따라가는 것입니다. 어미 소가 이끄는 대로 뒤따라가는 것입니다. 바로 이처럼 예수 믿고 구원받은 우리가 해야 할 일이 있습니다. 그것은 멍에를 매는 것입니다. 예수님의 멍에를 같이 매고 예수님을 따라가는 것입니다. 그런데 왜 멍에라고 표현했을까요? 그것은 멍에와 같이 힘들고 우리의 자유를 구속하는 부분이 있기 때문입니다. 예수를 믿고 예수께서 원하는 대로 살아가는 것 자체가 멍에일 수 있습니다. 그런데 그것이 귀찮다고 자꾸 내팽개치면 성장하지 않습니다. 성숙하지 않습니다. 영적으로 더 깊은 은혜를 경험하지 못하는 것입니다.

혹시 나의 모습이 그렇지 않습니까? 주님께서 멍에를 씌우려고 하는데 답답하다고, 부자연스럽다고, 귀찮다고 자꾸 벗어버리지는 않나요? 성령께서는 그러한 자에게 지속적으로 말씀하십니다. 멍에를 매야 한다고, 처음에는 답답할지 모르지만, 처음에는 힘들지 모르지만, 예수님의 멍에는 쉽고 가볍기에 꼭 매야 한다고 말씀하십니다. 그런데 주님의 멍에에 익숙해지기 시작하면 멍에라고 생각했던 것이 은혜가 됩니다. 예수님의 멍에는 가볍고 쉽기 때문에 어느새 신앙이 성장하고 생명을 풍성히 누리는 삶을 살게 됩니다. 그런데 많은 사람이 멍에 매는 것을 싫어합니다. 축복만을 원합니다. 문제 해결만을 원합니다. 성공하기만을 원하는 것입니다. 그렇다 보니 진정한 안식을 누리지 못합니다.

돌 판에 새긴 사랑

하나님께서 이스라엘 백성을 애굽으로부터 이끌어 내시고 시내산에 데리고 가서서 율법을 주시고 언약을 세워주셨습니다. 그런데 구약의 이스라엘은 실패자가 되었습니다. 그 실패했다는 증거가 바로 그들이 바벨론 포로로 끌려간 것입니다. 하나님이 힘이 없어서 이스라엘 백성을 포로로 끌려가게 하신 것이 아닙니다. 하나님이 능력이 없어서 포로로 끌려가는 이스라엘 백성을 가만히 지켜만 보고 계신 것이 아니었습니다. 이스라엘 백성들이 분명히 깨달아야 할 것이 있기 때문에 포로로 끌려가게 하신 것입니다. 이스라엘 백성이 깨달아야 할 것이 무엇일까요?

이스라엘 백성이 실패한 이유입니다. 하나님께서는 하나님의 백성으로서 이스라엘이 살아야 할 기준으로 율법을 주셨습니다. 그런데 구약의 이스라엘은 율법을 지킬 능력이 없었습니다. 그래서 실패하게 된 것입니다. 하나님의 기준인 율법을 멍에로만 받아들인 것입니다. 가볍고 쉬운 멍에라고 생각하고 쓰고 있어야 하는데, 자꾸 벗어버렸기 때문에 실패하게 되었습니다. 포로로 끌려간 이스라엘 백성들을 위해 하나님께서는 새로운 언약을 약속하십니다. 이스라엘 백성들이 다시는 실패하지 않을 방법을 마련해 주신 것입니다.

하나님께서 시내 산에서 이스라엘과 처음 언약을 맺을 때는 언약을 돌판에 새겨 주셨습니다. 하나님의 백성들이 살아야 할 삶의 기준을 돌판에 새겨 주신 것입니다. 그러나 이스라엘 백성들은 그 약속을 지키지 못했습니다. 사실 하나님께서는 이스라엘 백성들이 그 약속을 지킬 힘이 없다는 것을 알고 계셨습니다. 그런데 왜 하나님은 돌판에 그 약속을 새겨 주셨을까요? 그것은 죄라는 것이 무섭기 때문입니다. 인간 안에 뿌리 깊이 박혀 있는 죄는 어떤 이유라도 만들어 내서라도 핑계를 대기 마련입니다. 언약이 깨진 이유에 대해 어떤 변명이라도 찾아서 자신들의 잘못이 아니라고 우겨댈 것이기 때문입니다. 그러나 하나님은 우리를 인격적으로 대우하시면서, 율법을 돌판에 새겨 주셨습니다. 그리고 구약의 긴 시간을 지나면서 이스라엘 백성들이 자신의 힘으로는 도저히 그 약속을 지킬 수 없다는 사실을 스스로 발견하게 하신 것입니다. 아무리 애를 써도 돌판에 굳건하게 쓰인 그 율법을 지킬 수 없었습니다. 그들이 가지고 있었던 연약함과 한계 때문에 그 언약을 지키지 못했습니다.

그때 하나님은 언약을 지키지 못해 바벨론 포로로 끌려가 있는 이스라엘 백성에게 소망의 메시지를 들려주십니다. 그들이 포로에서 풀려나 다시 돌아올 것을 약속해 주시는 것입니다. 그런데 이스라엘 백성들이 포로로 끌려갔던 곳에서 다시 돌아오는 것, 이것이 참된 소망이 아닙니다. 언약을 지킬 능력이 없어서 포로로 끌려갈 수밖에 없었기 때문에 그들이 돌아온다고 해도 본질적인 문제는 해결되지 않는 것입니다. 그래서 돌아올 때는 다시 끌려가지 않을 수 있도록 새로운 언약을 맺어주신 것입니다.

언약을 지킬 수 있는 장치

예레미야 31장과 에스겔 36장에는 이스라엘 백성들과 맺을 새 언약이 기록되어 있습니다. 옛 언약은 돌판에 새겨 주었지만, 그 약속을 잊어버리고 지키지 못했습니다. 그래서 이번에는 우리 마음속에 하나님의 말씀을 새겨 주시겠다고 약속하십니다. 그런데 어떻게 우리 마음에 새겨 주실 수 있을까요? 그것은 말씀 자체이신 그분께서 우리 마음에 들어오시는 것입니다. 성령의 내주하심이 바로 새 언약의 핵심입니다. 바로 그분께서 우리 마음에 들어오셔서 말씀을 생각나게 하시고 책망하시면서 우리가 말씀대로 살아갈 수 있도록 도우시는 것입니다. 우리가 멍에를 벗어 버리지 않고 주님 안에 온전히 거할 수 있도록, 성령께서 우리 안에 내주하시면서 우리를 도우시는 것입니다.

옛 언약과 새 언약의 핵심 내용은 같습니다. 옛 언약의 핵심 내용은 하나님 사랑(신 6:4-5)과 이웃 사랑(레 19:18)입니다. 마찬가지로 새 언약의 핵심 내용도, 하나님 사랑과 이웃 사랑입니다(막 12:29-31). 옛 언약이 실패했다고 내용을 새롭게 바꾼 것이 아닙니다. 하나님 사랑과 이웃 사랑이라는 핵심 내용은 바뀌지 않았습니다. 바뀐 것은 언약의 내용을 지킬 수 있는 장치를 마련해 주셨다는 것입니다. 그것이 바로 성령입니다. 옛 언약은 돌판에 새겨 주신 반면에, 새 언약은 우리 마음속에 새겨 주셨습니다. 새 영을 우리 마음에 부어주셔서 우리 마음속에 새겨 주시는 것입니다(겔 36:27). 아무리 우리가 마음과 뜻과 정성을 다해 하나님을 사랑하려고 해도, 우리의 힘과 노력으로는 도저히 사랑할 수 없습니다. 아무리 열심히 이웃을 사랑하려고 해도, 내가 사랑하고 싶은 사람만 사랑하게 되는 것이 인간의 한계와 연약함이 아닐까요? 구약의 긴 세월 동안 그 사실을 깨닫게 된 것입니다. 그리고 그러한 사실을 너무도 잘 알고 계신 하나님께서 우리 안의 굳은 마음은 제거해 버리시고 부드러운 새 마음을 주시고, 하나님의 말씀을 우리 마음 안에 새겨 주셔서 언약을 지킬 수 있도록 해 주신 것입니다.

이와 같이 옛 언약과 새 언약의 가장 큰 차이는 성령입니다. 지금 우리는 새 언약의 시대에 살고 있습니다. 그리고 지금의 시대를 성령의 시대라고 한다면, 단지 성령께서 오셔서 성령의 시대가 아니라, 새 언약에 대한 약속이 있었고, 그 약속대로 사도행전 2장에 하나님의 영이 이 세상에 강림하셔서 그 약속이 이루어진 성령의 시대가 되었습니다. 예수님의 십자가 후에, 그 십자가를 온전히 적용하고 성취하기 위해 오신 분이십니다. 구원받은 모든 그리스도인 안에는 성령이 내주하고 계십니다. 그렇기에 이제는 핑계를 댈 수 없습니다. 율법을 잊어버렸다고 말할 수 없습니다. 내 힘과 노력으로 열심히 지키려고 했는데 지킬 수 없다는 핑계를 댈 수 없는 것입니다. 그것은 구약의 이스라엘 백성들이 밟았던 전철을 그대로 밟고 있는 것일 뿐입니다. 내 힘으로 사랑하려고 하고 내 힘으로 지키려고 하면 당연히 되지 않습니다. 사랑할 마음도 성령께서 주셔야 하고 사랑할 힘도 성령께서 주셔야 가능합니다.

다시 한번 강조하고 싶은 것은, 성령께서 구원받은 우리 마음 안에 계신다는 사실입니다. 우리가 구원을 받았을 때 성령께서는 우리 안에 들어오셔서 우리와 함께 계십니다. 우리 마음 안에 하나님의 말씀을 새겨 주시고 그 말씀대로 살아갈 수 있도록 지속해서 우리를 책망하십니다. 그런데 내 안에 계시는 성령이 느껴지지 않는다면 그것은 우리가 오랫동안 성령을 외면해 왔기 때문입니다. 성령은 인격적인 영이시기 때문에, 내가 성령을 기뻐하고 성령을 환영할 때, 우리 안에서 역사하시는 것입니다. 성령께서는 인격적이기 때문에, 성령께 내 자신을 내어 맡기고 나를 다스려 달라고 나를 통치해 달라고 간절히 구할 때, 우리 안에서 충만하게 역사하기 시작하십니다.

가장 중요한 것 중 하나는, 지속적으로 내 안에 계신 성령과 대화를 나누고 교제해야 합니다. 성령을 사랑하고 성령의 통치를 간절히 구해야 합니다. 성령을 의지하고 성령께 모든 것을 내어 맡겨야 합니다. 예수 믿고 구원받았을 때, 성령께서는 우리 마음에 들어오셨습니다. 그런데 왜 성령께서 함께하지 않는 사람처럼 살고 있습니까? 성령과 담을 쌓고 살고 있습니까? 성령의 음성을 외면하고 살고 있습니까? 지금도 내 안에 계신 성령께서는 나를 위해 울고 계십니다. 탄식하고 계십니다. 말씀하고 계십니다. 돌아오라고, 내려놓으라고, 무거운 짐들을 다 내려놓으라고 말씀하고 계십니다. 성령께서 이미 내 안에 계셨지만, 성령님의 음성을 듣지 못하고 성령의 말씀대로 살아가지 못한 어두운 내 모습에서 벗어나기 위해 기도해야 합니다. 성령께서 내 안에 이미 계신 것을 깨닫고 다시 한번 성령께서 나를 온전히 통치하고 주장하실 수 있도록 성령님의 음성을 듣지 못하게 막아 왔던 세상적인 것들을 무너지도록 기도해야 합니다.

7장
광야라는 십자가와 성령의 역사

> 너희 안에서 착한 일을 시작하신 이가 그리스도 예수의 날까지 이루실 줄을 우리는 확신하노라(빌 1:6)

구원의 과정에서 성령의 역할

예수를 믿고 구원받을 때 세 가지 변화가 일어납니다. 첫 번째는, 하나님이 우리를 의롭다고 여겨주시는 칭의(justification)의 사건입니다. 우리를 의롭게 여겨주신다는 것은 죄를 짓지 않았다는 뜻이 아니라, 이미 예수께서 죄 값을 치러주셨기에, 그 죄 값을 해결한 법적인 용어로서의 의인입니다. 다시 말하자면, 죄를 짓지 않은 의인이 아니라, 죄를 용서받은 의인이 되는 것입니다. 두 번째는, 죄 때문에 떠나가셨던 성령께서 우리 마음에 들어오시는 중생(regeneration)을 경험하게 됩니다. 이것을 성령의 내주하심이라고 합니다. 세 번째는, 하나님의 기업을 유업으로 받을 자격을 얻게 되는 양자(adoption)가

됩니다. 법적으로 하나님의 자녀가 되는 것입니다.

구원은 일회적인 사건입니다. 우리가 죄인이라는 사실을 깨달았지만, 내 힘으로는 나 자신을 죄에서 구원할 방법이 없다는 것을 깨닫고, 예수께서 십자가에서 나 대신 죽었다는 사실을 믿고 받아들일 때, 이러한 세 가지 변화가 일어납니다. 그때 내가 죄인이라는 것을 깨닫게 하시는 분이 바로 성령이십니다. 성령께서는 우리가 구원받을 수 있도록 우리를 책망하십니다. 내가 죄인이라는 것을 깨달을 수 있도록 죄에 대해 책망하시며, 내가 가지고 있는 의가 티끌만도 못하다는 것을 깨달을 수 있도록 의에 대해 책망하십니다. 그리고 죄 때문에 죽을 수밖에 없는 심판 아래 놓여 있는 나를 대신해서 예수께서 십자가에서 죽으신 사실을 마음으로 받아들일 수 있도록 심판에 대해 책망을 하십니다.

이렇게 성령의 역사를 통하여 예수님을 믿고 구원을 받게 되면, 성령께서는 우리 안에 들어오셔서 우리와 함께 거하십니다. 그런데 어떤 신학자는, 우리가 예수 믿고 구원받을 때 성령께서 이미 우리 마음에 들어오셨는데, 또 다시 성령이 오시기를 구하는 기도는 잘못된 것이라고 주장합니다. 한 번 우리 안에 들어오신 성령께서 들어왔다 나갔다 하지 않기 때문에, 이러한 주장은 신학적으로 맞는 것 같습니다. 그렇기에 구원받은 사람이라면, 그 안에 성령께서 거하시는데도, 그것을 인식하지 못하고 새롭게 성령을 보내 달라고 기도하는 것은 잘 모르고 구하는 기도라고 할 수 있지요.

성령 충만을 구하는 기도

그러므로 성령 충만을 간구하는 것, 성령을 부어 달라고 기도하는 것은 다른 성령을 보내 달라고 요청하는 것이 아닙니다. 성령께서 이미 내 안에 계시지만, 성령님의 음성을 듣지 못하고 성령님의 말씀대로 살아가지 못한 어두운 내 모습에서 벗어나 성령께서 내 삶을 주관하시고 지배하시기를 원하는 기도입니다. 성령은 인격적이시기 때문에, 우리 안에 들어와 계신다고 해도, 우리가 성령님의 음성에 민감하게 반응하지 않을 때, 우리 안에서 충만하게 역사하실 수 없습니다. 그렇기에 성령께서 이미 내 안에 계신 것을 깨닫고 그 성령께서 나를 온전히 통치하시고 주장하실 수 있도록, 성령의 음성을 듣지 못하게 막아 왔던 세상적인 것들을 내려놓는 시간이 되기를 기도하는 것이 바로 성령의 충만을 구하는 기도라고 할 수 있습니다.

그런데 참 놀라운 사실이 있습니다. 성령께서는 한 분이신데, 구원받은 모든 사람 안에 계신다는 사실입니다. 이것은 우리가 이해할 수 없는 신비입니다. 그렇기 때문에 공동체에서 함께 기도할 때,

더욱 강력하게 성령께서 역사하시는 것을 경험할 수 있습니다. 함께 모여 기도할 때, 그 가운데 운행하시는 성령의 역사로 말미암아, 어떤 사람들은 비로소 성령의 음성을 듣고 성령께 민감하게 반응하게 되기도 합니다. 또한 공동체가 함께 성령의 충만을 구하며 기도할 때, 혼자의 힘으로는 경험되지 않았던 것들이 경험되기도 하고, 자유롭고 충만하게 역사하시는 성령의 역사를 경험하기도 합니다.

그리스도인이라면 누구나 성령 충만하기를 간절히 기대하고 기도할 것입니다. 그런데 성령 충만을 경험한다고 하더라도, 지속적으로 그 상태를 유지하는 것이 중요합니다. 이것이 가능하기 위해서는 성령에 대해 올바른 이해와 태도가 필요합니다. 성령께서 어떠한 일을 하시는지, 또한 무엇 때문에 이 땅에 오셨는지를 알아야, 성령께 맞추고 성령의 역사를 구하며 충만한 상태를 유지해 나갈 수 있기 때문입니다. 성령에 대한 가장 기본적인 이해는, 성령께서는 예수를 증거하는 영이라는 것입니다. 예수께서 우리를 구원하시기 위해 이 땅에 오셨고, 그 구원을 완성하시기 위해 십자가에서 죽으시고 부활하셨습니다. 이렇게 예수께서 완성하신 구원의 사역을 개개인에서 집행하시고 적용하시는 분이 성령이십니다. 이것이 십자가 안에서 성령을 이해하는 가장 기본적인 틀입니다.

갈등의 시작

성령께서 구원받은 각 사람에게 내주하셔서 일하시는 가장 중요한 이유와 목적이 무엇일까요? 그것은 바로 성령께서는 구원받는 한 사람 한 사람이 그리스도의 장성한 분량이 충만한 데까지 신앙이 성장할 수 있도록 지속적으로 가르치시고 돕기 위한 것입니다. 그렇기에 십자가와 성령은 구원받을 때 한 번만 필요한 것이 아니라, 지속적으로 묵상하고 실천해 나가야 할 기독교의 핵심 주제입니다. 왜냐하면 구원받고도 매번 짓는 죄를 십자가에 내려놓고 사함을 받을 때, 성령께서 역사하실 수 있기 때문입니다. 성령은 거룩한 영이시기 때문입니다.

성령께서는 구원받은 그리스도인의 안에 들어오셔서, 말씀하시고 가르치시고 깨우치시면서 그리스도를 온전히 닮아가는 데까지 우리를 성장시키기 원하십니다. 이렇게 본다면, 우리가 예수 믿고 구원받았는데도, 신앙의 성장이 일어나지 않는 가장 큰 이유는 성령과 동행하지 못하는 것이라고 할 수 있습니다. 교회에 나가서 설교도 듣고 예배도 드리면서 은혜를 받는데도, 신앙이 잘 성장하지 않는 이유는 성령의 음성에 민감하게 반응하지 못하여 은혜받은 것을 삶으로 실천하지 못하기 때문이라고 할 수 있지요. 은혜를 받았다는 것은 크게 두 가지로 설명할 수 있습니다. 첫 번째는, 지적으로 깨닫는 것을 은혜라고 할 수 있습니다. 그런데 지적으로 깨달은 것이 감정적으로 감사와 기쁨과 환희로 이어지며 삶으로 연결될 때 온전한 은혜를 누리게 됩니다. 그렇게 될 때, 우리의 인생이 바뀌기 시작합니다. 변화되기 시작합니다. 그러므로 단순히 지적으로 깨달아졌다고 해서 만족하지 말고, 삶의 변화가 일어나는 온전한 은혜를 사모하며 나아가야 합니다.

성령께서는 우리의 신앙을 성장시키기 위해, 지속적으로 하나님의 기준을 가르쳐주시면서 그 기준대로 살아가야 한다고 깨우쳐 주십니다. 그래서 예수 믿는 사람의 가장 큰 특징은 기쁨이라고 할 수 있지만, 다른 한편으로는 갈등이라고도 말할 수 있습니다. 하나님의 자녀로서 살아야 한다는 성령의 기준은 아직 세상의 것들을 완전히 벗어버리지 못한 그리스도인들에게 충동을 일으키기 때문입니다. 즉, 성령은 우리 안에 내주하시면서 하나님의 기준을 지속적으로 가르쳐 주십니다. 그동안 익숙해져 있던 세상적인 기준, 나의 기준들이 있는데, 성령께서는 새로운 기준, 하나님의 기준을 제시하기 때문에 갈등이 생기는 것입니다.

그런데 구원을 받고도 이러한 갈등이 없다면, 분명히 무엇이 문제인지 점검해 보아야 합니다. 먼저는 구원받고도 지은 죄가 많아서 내면에서 말씀하시는 성령의 소리를 듣지 못할 수 있습니다. 아니면, 진정한 구원을 경험하지 못했기에, 성령께서 내주하실 수 없어, 그 소리를 들을 수 없기도 합니다. 다음으로는, 성령의 음성을 듣지만, 그 음성에 순종하기를 거부하며, 성령의 음성에 귀를 닫는 것도 문제입니다. 성령께서 주시는 갈등 속에서 성령께 굴복하지 않는다면, 하나님과는 상관없는 세상 사람처럼 살아가게 됩니다. 이러한 문제들을 해결하기 위해 성령께서 우리를 인도해 가시는 곳이 있습니다. 그곳은 바로 광야입니다.

광야로 이끄시는 이유

왜 예수 믿는데도 힘들까요? 예수를 믿지 않을 때보다 더 힘들게 느껴질 때가 있습니다. 그 이유는 광야를 지나고 있기 때문일 것입니다. 세상을 거부하고, 또 많은 것을 희생하고 예수님을 따라왔는데, 왜 이렇게 힘든지 모르겠다고 생각하고 있다면 그것은 신앙의 원리를 잘 모르기 때문입니다. 이러한 사람들은 성령께서 우리를 광야로 이끌어 가실 때, 힘들다고 예수님을 떠날 수도 있습니다. 그러나 분명히 기억해야 할 사실이 있습니다. 하나님께서는 우리를 성장시키기 위해 광야로 이끌어 가실 때가 있다는 것입니다. 하나님도 우리가 광야에서 어렵고 힘들어하는 것을 보면 아프시지만, 그것이 진정으로 우리를 위하는 길이기 때문에 광야로 이끌어 가시는 것입니다.

성경에 보면, 하나님께서 이스라엘의 성장을 위해 그 백성들을 광야로 이끌어 가시는 모습이 구약에 나타나 있습니다. 이스라엘 백성이 애굽을 빠져나와 2년 2개월 동안 시내 산에 머물러 있었던 이유는, 광야를 걸을 수 있는 준비를 시키시기 위함이었습니다. 그리고 광야를 지날 수 있도록 성막을 지으라고 명령하셨습니다. 그리고 이렇게 명령하신 것은 그들이 광야를 지날 때, 그들과 함께하시기 위함이었습니다. 하나님과 함께 가야만 광야를 통과할 수 있기 때문입니다. 이것이 구약에 나타난 이야기입니다. 그런데 구약과 신약은 차이가 있습니다. 구약에서는 아직 성령께서 이 땅에 보내심을 받지 않았기 때문에 하나님께서 직접 이스라엘 백성에게 나타나셨는데, 개개인에게 나타나시는 것이 아니라, 공동체적으로 나타나셨습니다. 그러나 신약 시대에는 성령께서 개개인 안에 들어와 계시기 때문에, 개인적으로 광야로 이끌어 가십니다. 분명히 이러한 차이가 있기는 하지만, 구약의 모형을 보면 어떻게 성령께서 광야를 통해 우리를 다듬어나가시고 성장시켜 가시는지를 이해할 수 있습니다.

십자가의 상징

십자가는 기독교의 심벌(symbol)입니다. 그런데 심벌이라는 것은 그 자체가 중요하기보다는, 심벌이 갖는 의미가 중요한 것입니다. 예를 들어 십자가를 너무 사랑한 나머지 십자가 목걸이, 십자가 팔찌, 십자가 발찌를 하고 다닌다고 십자가의 능력이 나타나는 것은 아닙니다. 그러나 십자가를 볼 때마다 십자가를 묵상하게 된다면 십자가의 능력을 깨닫고 십자가의 능력을 경험할 수 있게 됩니다. 심벌은 심벌 자체에 능력이 있는 것이 아니라, 심벌의 의미가 중요합니다. 그렇다면 십자가라고 하는 심벌의 가장 중요한 의미는 무엇입니까? 바로 죽음입니다. 십자가는 예수님이 죽었다는 상징이기 때문입니다. 또한, 죽을 만큼 사랑했다는 의미입니다. 그렇기에 십자가가 주는 의미는, 예수님께서 날 위해 죽었기 때문에 나도 죽어야 한다는, 아니 나도 이미 십자가에서 죽은 자라는 것을 가리키는 것입니다. 그리스도인은 세례받았을 때, 이미 예수님과 함께 십자가에 못 박혀 죽었다는 것을 의미하기 때문입니다.

사도 바울이 로마서 6장에서 계속해서 강조하고 있는 것 중의 하나는, 구원받은 자들은 세례받았을 때 이미 죽은 자라는 것입니다. 그런데 왜 살아 있는 자처럼 행동하는지를 지적하며 자신을 그리스도 안에서 죽은 자로 여기라고 조언합니다. 그렇기에 십자가라는 심벌은 우리에게 말을 걸어오기도 합니다. 즉 우리가 이미 죽은 자라는 것이고, 그렇기에 죽은 자로서 내가 가지고 있는 모든 것을 다 내려놓고, 다 포기하고, 주님께 헌신하라고 말입니다. 그래서 사람들은 십자가를 부담스러워하기도 합니다. 왜냐하면 자꾸 내려놓으라고 하기 때문입니다. 가진 것도 없는데 자꾸 포기하라고 하기 때문입니다. 그런데 기독교의 능력은 내려놓는 것, 포기하는 것, 희생하는 십자가를 지는 것에서부터 나타납니다.

가만히 있으라

구약 시대에도 이러한 십자가의 훈련이 있었습니다. 하나님의 백성인 이스라엘은 십자가 훈련을 받았어야 했습니다. 즉, 죄 된 자아가 죽는 훈련입니다. 십자가는 신약 시대의 사람들에게만 구원의 방법이 아니라, 죄를 짓고 타락한 모든 사람을 구원할 방법이기 때문에, 아직 십자가가 나타나지 않은 구약 시대이지만, 그 모형으로 하나님께서 이스라엘 백성에게 훈련하신 것입니다. 구약에 나타난 대표적인 십자가의 모형 중의 하나는, 이스라엘 백성들이 여러 문제와 어려움 앞에서 '가만히 있는 것'이었습니다. 이것은 문제 앞에서 하나님보다 앞서지 말고 모든 것을 내려놓고 하나님만을 바라고 기대하는 행동이었습니다. 그런데 하나님께서 가만히 있으라고 명령한다고 살아 있는 사람이 가만히 있을 수 있을까요? 가만히 있을 수 있는 존재는 오직 죽은 자만 가능합니다. 그렇기에 가만히 있으라는 명령은 자신을 내려놓고 포기하는 것을 의미합니다. 즉 구약에 나타난 십자가입니다.

이스라엘 앞에 있는 문제와 어려움 속에서, 하나님께서 이스라엘을 위해 일하시려면 이스라엘 백성이 먼저 해야 할 일이 있는데, 그것은 그들이 하나님보다 앞서서 어떠한 일도 하지 말고 가만히 있는 것입니다. 이스라엘 백성이 자신들의 힘과 노력으로 무엇인가 하려 하지 말고 하나님께서 하시는 일을 가만히 지켜보라는 것이지요. 여기에는 하나님이 일하시기를 기대하기에 앞서, 불평과 원망도 안 됩니다. 불평과 원망은 하나님보다 앞서 내가 무엇인가를 해 보려고 하는 행위이기 때문입니다. 가만히 있으라는 것은 하나님의 명령이었습니다. 이러한 하나님의 명령에 '아멘' 하기는 쉬울 수 있지만, 막상 가만히 있으려고 하면 정말 어려운 일입니다. 그러나 내가 죽을 때, 내 것을 내려놓고 포기할 때, 그리고 하나님만을 바라고 기대할 때, 그때 하나님이 나 대신 일하십니다. 신약 시대에도 마찬가지입니다. 십자가 앞에서 모든 것을 내려놓고 포기할 때, 내 안에 계신 성령께서 주도권을 잡고 나를 마음껏 이끌고 가실 수 있습니다.

광야 훈련의 목적

이렇게 '가만히 있으라'는 것이 구약에 나타난 첫 번째 십자가 훈련이라고 한다면, 두 번째 십자가 훈련은 광야 그 자체라고 할 수 있습니다. 광야의 어려움, 광야의 눈물, 광야의 고통, 이것이 이스라엘 백성이 겪었던 십자가입니다. 왜 광야에서 십자가 훈련을 받아야 했을까요? 이스라엘 백성이 430년 동안 애굽에서 세상에 물들어 세상 사람들처럼 자기 멋대로 살았기 때문입니다. 하나님을 찾지 않고 자기 멋대로 살다가, 노예 생활로 너무 힘들고 어려워 그제야 하나님의 이름을 불렀던 것입니다. 그러나 하나님은 그렇게라도 이스라엘 백성이 하나님을 찾았을 때, 그들을 찾아오셔서 약속대로 이스라엘을 구원해 주셨습니다.

그들은 얼마나 감사했는지 모릅니다. 얼마나 기뻐했는지 모릅니다. 그런데 그 구원의 감격은 금방 사라질 수 있습니다. 그리고 그 감격이 식어버리면, 다시 옛날처럼 하나님을 떠나 자기 멋대로 살게 됩니다. 그래서 하나님은 이스라엘 백성이 하나님의 백성답게 새로운 삶을 살 수 있도록 광야로 이끌어 가셔서 십자가 훈련을 받게 하십니다. 애굽에서의 삶의 방식을 온전히 청산하고 새로운 삶의 방식을 옷 입히기 위함입니다. 이스라엘은 애굽에서 나와 자유인이 됐지만, 아직 애굽에서 살았던 옛 생활방식에 얽매여 있었습니다.

생활의 습관이 바뀌지 않았기 때문에, 조금만 어려워도 예전의 노예 기질이 나옵니다. 하나님의 자녀 기질이 나와야 하는데, 아직 그것이 훈련되지 않아서 옛날로 돌아가게 됩니다. 그래서 하나님은 이스라엘 백성들을 광야에서 훈련하시는 것입니다.

하나님이 이스라엘 백성들을 광야에서 훈련 시키시는 것은 두 가지 목적을 가지고 있습니다. 첫 번째는, 이스라엘 백성들이 가지고 있는 옛 생활방식 모두를 다 지우기 위해서입니다. 운동하는 사람은 잘 알 것입니다. 이미 자신의 방식대로 운동해 왔던 사람을 가르치기 쉽지 않습니다. 아예 아무것도 모르고 처음 운동하는 사람을 가르치는 것이 더 쉽습니다. 이미 자기가 가지고 있는 습관을 고치기 힘들기 때문입니다. 그러나 기존에 가지고 있던 습관들을 다 지워버려야 올바르게 운동을 할 수 있습니다. 그래서 하나님은 이스라엘 백성들이 광야에서 옛 습관을 다 지울 수 있도록 훈련하셔야만 했습니다.

두 번째는, 하나님이 원하실 때 기꺼이 헌신하고 기꺼이 일할 수 있도록 기본적인 영적인 체력과 체질을 갖추도록 훈련하십니다. 이러한 영적인 체력과 체질을 갖추지 못하면 어느새 이전의 모습으로 돌아갈 수 있기 때문입니다. 또한, 영적인 체력과 체질을 갖추어야 하나님의 임재 속에서 하나님의 역사와 권능을 따라갈 수 있습니다. 그래서 하나님께서는 이스라엘 백성을 광야로 이끌어 훈련하셔야 했습니다. 이것이 광야에서 이스라엘 백성들을 훈련하는 두 가지 주된 목적입니다. 그런데 이러한 훈련 과정에는 언제나 긴 시간이 필요합니다.

맞춰가야 합니다.

예수 믿고 구원받아 하나님의 자녀가 되고 성령의 은사도 경험하면서 너무 기쁘지만, 그 감격은 오래가지 않을 수 있습니다. 뜨거웠던 믿음은 어느새 식어버리고 구원받기 이전과 별 다를 바 없는 삶을 살아갈 수 있습니다. 그것은 옛날에 살아왔던 방법을 바꾸지 않았기 때문입니다. 결혼도 마찬가지입니다. 결혼식은 하루에 끝이 납니다. 그런데 결혼 생활은 지속되는 것입니다. 지속되는 결혼 생활을 행복하게 꾸려가기 위해서는 서로 맞추어야 합니다. 저는 경상도 토박이고, 저의 아내는 전라도 토박이입니다. 사랑할 때는 잘 맞출 수 있었습니다. 그런데 사랑이 식으면 잘 맞춰지지 않습니다. 그러나 둘이 잘 맞추지 않으면 행복이 올 수 없습니다.

하나님과의 관계도 결혼 생활과 마찬가지입니다. 신분은 하나님의 자녀인데 속사람은 옛날 것으로 가득 채워져 있다면 하나님이 아무리 말씀하셔도 듣지 않습니다. 하나님이 역사하시려고 해도 반응하지 않습니다. 그런데 삶이 어려워지면 하나님 앞에 와서 따집니다. 하나님이 살아계신 것이 맞는지, 하나님이 사랑하시는 것이 맞는지, 맞는다면 왜 이렇게 힘든 것인지 따지는 것입니다. 그렇기 때문에 옛 생활방식을 버리고 하나님의 백성답게 살아갈 수 있도록 체질을 바꿔야 합니다.

이스라엘 백성이 애굽을 빠져나와 가나안 땅까지 도착하는 데 40년이 걸렸습니다. 그러나 사실 애굽에서 가나안까지 가는 데 40년이나 걸릴 거리가 아닙니다. 출애굽기 19장 1절에 보면 애굽 땅을 떠난 지 3개월이 되던 날 시내 산에 도착했다고 기록하고 있습니다. 그리고 민수기 10장 11절을 보면, 시내 산에서 언약을 체결하고 성막을 짓고 떠난 것이 2년 2개월째라고 기록하고 있습니다. 또한 신명기 1장 2절에 보면, 시내 산에서 가데스바네아까지는 열하룻길이라고 나옵니다. 그렇기에 애굽을 나와 3년이 채 걸리지 않는 시간이면 가나안 땅에 들어갈 수 있었습니다. 그런데 왜 이스라엘 백성들은 40년 동안 광야를 돌아야 했을까요? 그것은 하나님께 순종하면서 옛 생활 습관을 버리는 훈련에 실패했기 때문입니다.

예수 믿고 구원받았다고 신앙이 다 완성된 것이 아닙니다. 아니 예수 믿고 구원받는 것은 신앙생활의 출발을 의미하는 것입니다. 예수를 믿고 구원받았는데, 삶이 어렵고 힘들다고 느껴지는 것은 신앙의 성장을 위한 훈련의 과정에 있기 때문입니다. 결혼식 날의 기쁨과 행복이 계속된다고 생각하는 사람도 있습니다. 그러나 결혼식 날처럼 결혼 이후 매일매일 그날의 기쁨과 행복이 재현된다고 생각한다면, 그것은 환상에 불과할 것입니다. 결혼식 이후의 결혼 생활은 현실이기 때문입니다. 그렇기에 결혼식 날의 기쁨과 행복이 지속되기 위해서 서로 맞춰가는 일이 필요합니다. 어렵고 힘들지만 서로 맞춰가다 보면 결혼식 날보다 더 큰 기쁨과 감동이 있을 수 있습니다.

이스라엘 백성의 실패 이유

이스라엘 백성이 실패했던 이유는 두 가지입니다. 첫 번째는 애굽에서 나오자마자 곧바로 약속의 땅에 들어갈 것으로 생각했기 때문입니다. 두 번째는 광야에 머무는 시간이 길어질수록 자신들이 약속의 땅에 들어갈 수 없다고 체념했기 때문입니다. 애굽에서 나오자마자 바로 가나안 땅으로 들어갈 것으로 생각했기 때문에, 하나님의 훈련에 집중하지 못해서 오랜 시간이 걸렸습니다. 그런데 이렇게 광야의 시간이 길어질수록 체념을 하게 되었습니다. 체념하는 마음 때문에, 제대로 훈련을 받지 못했기 때문에, 시간이 더 걸리고 말았습니다.

이것은 신약의 성도들에게도 동일하게 적용됩니다. 예수 믿고 구원받아 하나님의 자녀가 되었으니 이제는 축복의 길만 걸으리라 생각합니다. 물론 한편으로는 맞는 말입니다. 그런데 그것이 다가 아닙니다. 어렵고 힘든 시간이 지속되다 보니, 체념하는 마음을 가지고 계신 분들도 있습니다. 그러나 광야의 시간이 아무리 길어진다고 해도 체념하지 마십시오. 하나님은 지금도 일하고 계십니다. 한 번 일을 시작하신 하나님께서는 끝까지 일하십니다. 빌립보서 1장 6절에 보면 "너희 안에서 착한 일을 시작하신 이가 그리스도 예수의 날까지 이루실 줄을 우리는 확신하노라"고 기록하고 있습니다.

우리를 구원하신 예수님은 우리를 구원하신 것에서 끝내는 것이 아니라, 우리를 성숙시키고 온전히 성장시키기 위해서 끝까지 일하시는 분이십니다. 데살로니가전서 5장 24절에는 "너희를 부르신 이는 미쁘시니 그가 또한 이루시리라"고 고백하고 있습니다. 혹시 지금 밑바닥이라고 생각합니까? 그러나 그 밑바닥에서도 하나님은 일하고 계십니다. 그 증거가 바로 당신이 이 책을 읽고 있다는 것입니다. 하나님이 일하시기 때문에 하나님이 이 책을 읽게 하신 것입니다. 여러분이 어떤 상황이든지 하나님은 일하십니다. 우리를 부르신 이는 미쁘시기 때문에 그것을 이루시기 위해 끝까지 포기하지 않고 이끌어 가십니다.

날이 저물어 갈 때가 하나님의 때입니다. 나이가 많으신 어르신들은 이 나이에 무엇을 할 수 있을까 생각할 수도 있습니다. 그러나 그때도 주님은 일하십니다. 그때도 주님은 계획을 갖고 계십니다. 그때도 주님은 기대하고 일을 진행하고 계십니다. 빈 들에서 걸을 때가 하나님의 때입니다. 다윗이 모든 것을 갖추고 있을 때는 무너졌습니다. 그러나 다윗이 가장 영적인 안목을 가지고 주님과 동행했을 때는 엔게디 광야 기간이었습니다. 그의 추종자들에게 쫓기며 엔게디 광야에 숨어다닐 때, 바로 그때가 하나님과 동행하던 때였기 때문입니다. '주가 일하시네'라는 찬양 중 '주가 일하시네, 주께 아끼지 않는 자에게, 주가 일하시네, 신뢰하며 걷는 자에게'라는 가사가 있습니다. 주님을 신뢰하며 주께 모든 것을 내어드리며 광야의 길을 걸어갈 때 주님의 일하심을 경험하게 될 것입니다.

보이지 않는 것을 보는 믿음

신앙이라는 것은 교회를 출석하는 것이 다가 아닙니다. 교회를 출석하는 것도 중요하지만, 출석하면서 배워야 합니다. 훈련되어야 합니다. 주님과 발걸음을 맞출 수 있도록 십자가를 지고 광야의 훈련을 받아야 합니다. 왜 하나님이 우리를 광야로 이끄실까요? 왜 예수 믿고 구원받은 모든 사람에게 광야의 십자가를 지게 하실까요? 그것은 바로 예수 믿는 사람답게 살 수 있도록 고치기 위해서입니다. 그것이 우리에게 진정한 행복을 가져다주기 때문입니다. 그래서 성령께서는 우리를 광야로 이끌어 훈련을 시키시는 것입니다. 그래서 광야는 성령의 학교라고도 합니다.

 광야에는 두 종류의 사람이 있는 것 같습니다. 광야를 지나며 하나님을 전혀 보지 못하는 사람이 있습니다. 이것이 무조건 잘못됐다는 것은 아닙니다. 때론 그럴 때가 있습니다. 하나님이 살아계시는 것이 맞는지 묻고 싶을 정도로, 하나님이 나를 사랑하시는 것이 맞는지 묻고 싶을 정도로, 힘들 때가 있습니다. 그런데 동일하게 광야의 한중간에 서 있는데, 하나님께서 일하시는 것이 보일 때가 있습니다. 그 차이는 믿음의 차이라고 할 수 있습니다. 그렇기에 광야는 믿음의 학교라고도 할 수 있습니다. 주께서 일하시는 것이 잘 보이지 않는다고 하더라도, 하나님께서 끝까지 일하실 것이라고 믿는 것입니다. 우리를 광야에 내버려 두시려고 구원하신 것이 아니라는 것을 믿는 것입니다. 비록 내가 부족하고 연약해도 나를 끝까지 이끌어 가실 것을 믿는 것입니다. 혹시 오랫동안 하나님과 단절되어 있었다 하더라도, 하나님을 부르면 하나님께서 찾아오신다는 것을 믿는 것입니다.

 광야에서 이스라엘 백성을 인도했던 것이 불기둥과 구름 기둥입니다. 구름 기둥과 불기둥으로 인도하시면서 하나님께서는 이스라엘 백성이 필요한 것들을 채우시고 먹고 싶다는 것을 먹을 수 있도록 해 주셨습니다. 그런데 오늘날 그 역할을 하시는 분이 누구실까요? 바로 성령이십니다. 그래서 광야에서 아무것도 없는 빈손으로 우리가 고백할 수 있는 것은 '여호와 이레'라는 고백입니다. 주께서 준비하신다는 이 고백입니다. 그렇기에 광야에서는 성령님과 더 친숙하게 됩니다. 친숙하게 성령님의 음성을 따라가다 보면, 주님께서 준비해 주시는 것들을 가지고 광야의 훈련을 통과할 수 있게 됩니다. 구약의 광야에는 하나님께서 친히 이스라엘과 함께하셨지만, 공동체적으로 만나주셨습니다. 그러나 신약의 광야에는 성령께서 친히 함께하시며, 구원받은 그리스도인 개개인에게 직접 역사하시고 이끌어가 주십니다.

믿음에 대해 잘못 알고 있는 분들이 계십니다. 보이지 않은 것을 보이는 것처럼 믿으라는 히브리서 11장 1절의 말씀을 오해하는 것입니다. 그런데 전제가 있습니다. 믿음의 대상이 있어야 하고 그 믿음의 대상이 경험되어져야 한다는 것입니다. 그래야 보이지 않는 것을 보이는 것처럼 믿을 수 있습니다. 믿음의 근원이 있어야 믿음이 생기는 것입니다. 아무것도 없는데 믿으라고 한다고 '아멘' 하는 것이 진짜 믿음일까요? 그렇지 않습니다. 성령께서 지속적으로 하나님이 어떤 분이신지, 뭘 원하시는지, 어떻게 가길 원하시는지 말씀해 주십니다. 그 성령의 음성이 들릴 때 믿음이 같이 커가는 것입니다. 이렇듯 믿음은 바로 성령으로부터 생겨납니다. 무조건 믿으라고 하는 것이 기독교가 아닙니다. 지금까지 인도하시는 하나님을 경험했기 때문에 보이지 않는 것도 믿을 수 있게 되고, 하나님을 신뢰하며 광야를 지나게 됩니다.

광야의 특징

많은 사람이 힘들고 어려운 것이 광야라고 생각합니다. 한편으로는 맞는 말이지만 광야는 무조건 힘든 곳이 아닙니다. 힘든 것이 다가 아닙니다. 광야에도 다양한 특징들이 있습니다. 첫 번째, 광야는 사막과 구덩이의 땅입니다(렘 2:6). 모래사막은 한 걸음도 나아가기가 힘이 듭니다. 또한, 구덩이가 많아서 헤어 나오기 힘든 상황에 빠지기도 합니다. 살아가다가 이런 상황을 만난다면 광야의 한중간에 있는 것으로 생각하면 맞을 것입니다. 두 번째, 광야는 건조한 땅입니다(렘 2:6). 그래서 광야는 영혼의 갈증이 깊게 느껴집니다. 하나님을 갈망하지만, 하나님은 침묵하시는 것처럼 느껴집니다. 시편 42편 1-3절을 보면, "하나님이여 사슴이 시냇물을 찾기에 갈급함 같이 내 영혼이 주를 찾기에 갈급하나이다……"라고 기록되어 있습니다. 시편을 기록한 시인은 영혼의 깊은 갈증 가운데 있었습니다. 이것은 광야의 한중간에 있는 사람의 고백입니다. 영적인 갈급함이 있습니다. 그래서 하나님을 부르는데 하나님의 응답은 들리지 않습니다. 그때가 광야에 있는 때입니다.

세 번째, 사망의 그늘진 땅이 광야입니다(렘 2:6). 그래서 광야를 지날 때는 아무것도 보이지 않고 방향조차 가늠하지 못할 때가 있습니다. 우리가 살아가다가 이러한 때를 만난다면 광야의 한중간에 있는 것이라고 할 수 있습니다. 네 번째, 사람들이 다니지 않는 외로운 곳이 광야입니다(렘 2:6). 사람들에게 외면을 받고 한 사람 한 사람 다 나를 떠나고 있다면 그곳은 광야일 수 있습니다. 다섯 번째, 하나님이 우리를 낮추시는 곳이 광야입니다(신 8:2-3). 자의가 아닌 타의에 의해서 그리고 상황에 의해서 자꾸 낮아진다면 그것은 광야이기 때문입니다.

여섯 번째, 우리를 주리게 하시는 곳이 광야입니다(신 8:3). 그래서 영육의 굶주림을 느끼는 곳이 광야입니다. 그러나 하나님은 주리게 하시지만 절대 굶어 죽게는 안 하십니다. 그것이 하나님께서 일하시는 증거입니다. 일곱 번째, 광야는 크고 광대한 곳입니다(신 8:15). 너무 크고 광대해서 가도 가도 끝이 보이지 않습니다. 이 광야가 끝날 것 같지 않습니다. 하나님께서 성장시키기 위해 광야로 보내셨다는 것을 믿고 순종하며 가는데 가도 가도 광야가 끝나지 않는 것입니다. 그래서 절망 가운데 빠질 때가 있습니다. 여덟 번째, 광야는 불 뱀과 전갈이 있는 곳입니다(신 8:15). 원수의 공격이 있는 곳입니다. 원수에게 공격받고 있다고 느껴진다면 그곳은 광야입니다.

마지막 아홉 번째, 열매가 없는 땅이 광야입니다(신 32:10). 일한 만큼 열매가 맺히지 않습니다. 하나님이 광야로 보내신 이유가 나의 힘으로는 아무것도 할 수 없다는 것을 깨닫기 원하시기 때문에 열매가 맺히지 않는 것입니다. 이것이 성경에서 말하는 광야의 모습입니다. 이처럼 광야의 종류도 다르고 특징도 다 다릅니다. 그렇기 때문에 자신이 지금 어떤 광야를 지나고 있는지 그 특징을 이해할 필요가 있습니다. 어떤 사람은 외로운 광야, 어떤 사람은 낮아지는 광야, 어떤 사람은 열매가 없는 광야를 경험하게 됩니다. 어떤 사람은 영적으로 육적으로 주리면서 광야를 경험할 수 있습니다. 그렇기에 자신이 지금 지나고 있는 광야의 특징을 잘 이해하고 적용하는 것이 필요합니다.

광야와 팔복

그런데 이러한 광야를 지날 때 하나님께서는 그냥 우리를 내버려 두시지 않습니다. 하나님께서는 성령을 통해 광야를 걷고 있는 우리를 축복하십니다. 믿음의 눈을 떠서 성령의 음성을 듣고 성령과 동행하게 되면, 광야는 축복의 길이 됩니다. 오히려 하나님께서 더 다급하신 곳이 광야입니다. 하나님의 자녀들이 머리카락 하나도 상하지 않도록 보호해야 할 곳이 광야이기 때문입니다. 자녀들이 위험한 곳으로 캠핑 간다고 하면 얼마나 신경이 쓰이겠습니까? 하나님 아버지도 광야를 걷는 당신의 자녀를 보호하시면서 이끌어 가십니다.

그렇다면 광야의 축복은 어떤 것이 있을까요? 8가지로 이야기할 수 있습니다. 첫 번째는 신령한 음식을 주시고 의복과 신이 해지지 않게 하시는 곳이 광야입니다(신 8:3-4). 내가 옷을 사지 않는데, 옷이 해지지 않습니다. 좋은 신발을 신지 못하는데, 발이 부르트지 않습니다. 아무것도 먹을 것이 없는데, 하나님의 양식으로 먹이는 곳이 광야입니다. 이것이 축복입니다. 세상적인 가치관으로 보면 애굽에서는 고기도 먹고 부추도 먹었는데 광야에서는 밋밋한 만나를 먹는다고 불평할 수 있습니다. 그런데 세상적인 기준을 내려놓고 보면 나는 아무것도 할 수 없는데, 하나님의 양식으로 먹여주시고 보호하시는 축복을 누릴 수 있는 곳이 광야입니다.

두 번째는 반석에서 물을 내셔서 먹게 하신 곳이 광야입니다(고전 10:1-4). 세 번째는 불과 구름 기둥으로 인도하신 곳이 광야입니다

(신 1:33). 하나님의 불기둥, 구름 기둥을 내 눈으로 목도하는 곳이 광야입니다. 네 번째는 하나님이 우리를 만나주시는 곳이 광야입니다(신 32:10). 내 힘으로 아무것도 할 수 없어 간절히 하나님을 찾는 곳이 광야이기 때문입니다. 진심으로 하나님을 찾는 곳이 광야입니다. 그런데 광야에서도 하나님을 찾지 않는 사람이 있습니다. 그 사람은 매우 어리석은 사람입니다. 광야라는 것을 알았다면, 간절히 하나님을 찾아야 합니다. 하나님을 찾아야 할 때 전심으로 찾아야 합니다. 하나님은 이스라엘 백성이 포로로 끌려갔을 때, 광야의 한중간에 있는데 왜 하나님을 찾지 않는지 탄식하십니다. 왜 만나야 할 때 부르짖지 않는지 마음 아파하시기 때문입니다(사 55:6).

다섯 번째, 하나님이 우리를 지키시고 호위하시는 곳이 광야입니다(신 32:10). 시편 기자는 하나님을 기다리고 기다리면서 간절히 찾았더니 기가 막힐 웅덩이와 수렁에서 끌어 올리셔서 반석 위에 두셨다고 찬양하고 있습니다(시 40:1-2). 여섯 번째, 하나님이 우리와 함께 거하시는 곳이 광야입니다. 이스라엘 백성들이 광야에서 행한 일 중에 가장 귀한 일이 성막을 짓는 일이었습니다. 그 이유는 성막 안에 있는 지성소는 하나님이 우리와 함께 거하시며 교제하신다는 사실을 상징하는 것이기 때문입니다. 그리고 일곱 번째, 하나님의 말씀을 우리의 삶에 새겨 주시는 곳이 광야입니다. 끝이라고 생각하는 곳에서 하나님의 말씀에 의지해서 살아나게 되면 그 말씀은 우리 삶에 단단히 박힌 못처럼 새겨지게 되어 있습니다. 그렇게 하나님의 말씀이 새겨지는 곳이 광야입니다. 마지막으로 여덟 번째, 광야는 하나님이 우리를 안아서 인도하시는 곳입니다(신 1:33). '하나님 더는 못 가겠습니다'라는 것이 우리의 레퍼토리가 아닙니까? 이렇게 더는 갈 수 없다고 부르짖을 때 하나님은 우리를 포기하지 않고 우리를 안아서 이끌어 가십니다. 그분이 바로 우리의 하나님 아버지입니다. 하나님의 이 안아주심을 경험해 본 사람은 그 품을 헤어 나올 수가 없습니다.

하나님이 안고 가는 광야길

예수께서 공생애를 사시면서 가장 먼저 선포하신 말씀이 산상수훈이라고 할 수 있는데, 산상수훈에서 첫 번째로 나오는 말씀이 팔복입니다. 구약에서 신약으로 넘어오는 400년의 암흑기, 광야의 시간을 보내면서 철저하게 메마르고 가난해진 이스라엘을 향해 외치신 말씀이 팔복의 말씀입니다. 그런데 광야를 이해하지 않고는 팔복을 이해할 수 없습니다. 400년 동안 광야를 지나면서 심령이 가난해질 대로 가난해진 것이 복이라는 것입니다. 광야에 있을 때는 힘들었지만 그 훈련이 이제부터는 복이 될 것이라는 말씀입니다.

광야에서 심령이 가난한 것이 복입니다. 광야에서 많이 운 것이 복입니다. 광야에서 이리 치이고 저리 치이면서 온유해진 것이 복입니다. 의에 주리고 목마른 것이 복입니다. 아픔을 겪으면서 다른 사람을 긍휼히 여기게 된 것이 복입니다. 비워질 대로 비워져서 청결해진 것이 복입니다. 광야에서 다듬어져서 화평케 하는 사람이 된 것이 복입니다. 또한, 광야에서 핍박을 받은 것이 복이 됩니다. 400년 동안 광야를 거쳐 왔기 때문에 이 팔복의 메시지가 복이라는 것을 깨달을 수 있었을 것입니다. 팔복의 메시지는 광야의 한중간에 있었던 이스라엘을 위로하시는 말씀이었습니다. 비록 광야는 힘들고 어려운 곳이지만 이러한 복을 받을 수 있는 곳입니다. 광야를 지나지 않은 사람은 이 여덟 가지 복을 받을 준비가 안 된 사람이라고 할 수 있습니다.

위에서 광야와 예수님의 팔복을 연결하여 해석한 이유가 있습니다. 그것이 팔복을 이해하는 기본적인 맥락이기도 하지만, 광야를 걷고 있는 그리스도인들에게 그들에게 준비된 복이 무엇인지를 전하고 싶었기 때문입니다. 광야에 있지만, 그들을 예수께서 산상수훈의 팔복으로 위로하시고 축복하셨다면, 오늘 광야에 있는 그리스도인들도 마찬가지입니다. 성령께서 이 말씀을 가지고 위로하시고 축복하시기 원합니다. 하나님의 말씀이 중요한 이유는, 이 말씀을 붙잡고 기도할 수 있기 때문이며, 말씀을 가지고 하나님께 호소할 수 있기 때문입니다. 말씀을 의지하여 기도한다고 하는 것은 이미 응답을 전제하고 기도하는 것이라고 할 수 있습니다. 이미 말씀에 응답을 선포하고 있기 때문입니다.

그러므로 독자 여러분께 묻고 싶습니다! 광야의 한복판에서 모든 것을 포기하기 직전입니까? 모든 것이 다 무너졌습니까? 아무것도 할 수 없으십니까? 그때 하나님께서 이스라엘 백성을 안고 인도하셨던 것처럼 나를 안고 인도해 달라고 말씀을 붙잡고 기도하십시오! 구약 시대에는 하나님께서 공동체적으로 말씀하셨기 때문에 공동체적으로 움직여야 했습니다. 그러나 신약 시대는 성령께서 개개인에게 직접 말씀하시고 이끌어 가시기 때문에 하나님께 기도할 때, 하나님은 우리를 그 품에 안아서 날아오르게 하실 것입니다. 또한 광야에서 누릴 수 있는 주님의 복을 구하며 기도하십시오. 기도만 하면 이미 응답 된 것과 같습니다. 말씀에 기록되어 있기 때문입니다. 어떤 선교지는 열매가 맺히지 않습니다. 열심히 노력해도 열매가 보이지 않는 선교의 현장이 있습니다. 그렇게 극심한 광야 가운데 있는 분들도 있을 것입니다. 포기하지 마십시오. 하나님이 안고 가실 것입니다.

주 품에 품으소서
능력의 팔로 덮으소서
거친 파도 날 향해 와도
주와 함께 날아오르리
폭풍 가운데 나의 영혼
잠잠하게 주를 보리라

8장
성령을 통한 회개와 마음의 회복

> 또 새 영을 너희 속에 두고 새 마음을 너희에게 주되 너희 육신에서 굳은 마음을 제거하고 부드러운 마음을 줄 것이며 또 내 영을 너희 속에 두어 너희로 내 율례를 행하게 하리니 너희가 내 규례를 지켜 행할지라(겔 36:26-27)

이전 장에서 광야를 설명하였지만, 이 장에서도 중요한 부분을 요약하며 주제를 설명하려 합니다. 예수 믿고 구원받는 것은 구원의 완성이 아니라 새로운 삶의 출발입니다. 그래서 하나님께서는 성령을 보내주셔서 성령과 함께 새로운 삶을 살아가도록 도와주십니다. 그러나 문제는, 우리의 연약함으로 새로운 삶을 지속적으로 살아내지 못한다는 것입니다. 아직 과거의 죄 된 습관들이 남아 있기 때문입니다. 몸은 애굽에서 나왔지만, 아직 애굽의 노예근성이 남아 있어서 새로운 신분에 맞게 살아가지 못하는 것입니다. 신분은 하나님의 자녀인데, 삶의 방식과 태도가 바뀌지 않아, 하나님이 주신 복을 제대로 누릴 수 없는 것입니다. 그래서 성령께서는 우리를 광야로 이끌어 가신다고 언급했습니다. 새로운 신분에 맞게, 하나님의 백성답게 살아갈 수 있도록, 우리를 광야로 데리고 가시는 것입니다.

구약의 출애굽기는 오늘날 신약 시대를 살아가는 그리스도인들의 신앙 여정을 모형론적으로 보여주고 있습니다. 이스라엘 백성들이 애굽에서 구원받은 다음 바로 가나안 땅으로 들어가지 못하고, 광야에서 40년 동안 훈련을 받았던 것처럼, 신약 시대인 오늘날 하나님의 백성들도 광야의 훈련을 받습니다. 예수 믿고 구원받은 후, 하나님이 주시는 복을 가로막는 장애물이 우리 안에 있기 때문입니다. 하나님의 자녀로서 살지 못하도록 가로막는 옛 삶의 방식들을 버리기 위해, 성령께서는 우리를 광야로 이끌어 가십니다. 그렇기에 구원받은 후에도 그리스도인의 삶은 어렵고 힘들 수 있습니다.

광야에서의 훈련은 예수 믿는 사람이라면 기본적으로 져야 할 자기 십자가입니다. 그곳에서 자기 포기, 내려놓음, 헌신 등을 훈련받아 갑니다. 그러나 하나님은 광야에서 우리를 홀로 내버려 두시지 않고, 당신의 원하시는 뜻을 가르쳐 주시고 지켜주시는 분과 함께 하십니다. 그분은 바로 성령님이십니다. 광야라는 십자가! 이 멍에가 처음에는 부자연스럽고 힘들어서 벗어버리고 싶지만, 성령께서 이끄시는 대로 따라가다 보면, 이 멍에는 매우 쉽고 가벼운 것임을 느낄 수 있습니다. 그런데 어렵고 힘들다고만 생각하면, 광야의 시간은 더 길어질 수 있습니다. 그렇기에 성령께서 이끄시는 대로 광야의 훈련을 잘 받으면 신앙도 성장하고 넉넉히 이겨나갈 수 있습니다.

불신앙의 이유

이스라엘 백성들이 짧게는 2년 반이면 들어갈 수 있었던 약속의 땅 가나안이었지만, 40년이나 걸려서 들어가게 된 이유는 그들의 불신앙 때문이었습니다. 이스라엘 백성들은 애굽 땅에서 10가지 재앙을 통해 하나님의 기적을 보았습니다. 또한, 홍해가 갈라지는 기적도 경험했습니다. 무사히 홍해를 건넜을 때 뒤따라오던 애굽의 군사들이 홍해에 빠져 심판을 당하는 것도 보았습니다. 그래서 너무나 기뻐 새 노래로 하나님께 예배를 드리기도 했습니다. 그런데 그 기쁨은 오래가지 못했습니다. 조금만 어려운 일이 생겨도 하나님을 원망하고 애굽을 그리워했습니다. 육신은 애굽에서 탈출하였지만, 그들의 삶 속에 스며든 애굽의 생활방식은 쉽게 버려지지 못했던 것입니다.

시편 78편 12-20절에는, 하나님께서 어떻게 이스라엘 백성을 애굽에서 이끌어 내어 광야에서 먹이시고 지키시며 인도하셨는지 기록하고 있습니다. 그러나 시편 78편 40-41절에 보면, 하나님의 놀라운 인도하심에도 불구하고 이스라엘 백성은 하나님께 반항하고 하나님을 노엽게 하였다고 기록하였습니다. 왜 하나님께 반항하고 하나님을 노엽게 만들었습니까? 그것은 불신앙 때문이었습니다. 이스라엘 백성들이 하나님을 불신앙하였기 때문에 불평하고 반항했던 것입니다. 불신앙이라는 것은 믿지 않는다는 것입니다. 그런데 완전히 안 믿는 것은 아닙니다. 믿기는 하는데, 옛 삶의 방식을 버리지 않고, 내 고집대로 살아가는 방식을 버리지 않았기 때문에, 세상 사람들과 똑같은 수준이라고 할 수 있습니다. 순간순간 내 안에도 그런 불신앙적인 모습이 드러날 때가 있지 않나요? 내가 예수 믿는 것이 맞는가 하는 당황스러운 순간이 있지 않습니까?

그러면 이스라엘 백성이 하나님께 반항하고 불평했던 이유가 무엇일까요? 성경은 그 이유에 대해서도 정확하게 이야기합니다. 시편 78편 35-37절을 보면 이스라엘 백성들은 '정한 마음'이 없었고 '언약'에 성실하지 못했다고 기록하고 있습니다. 이 두 가지를 한 가지로 요약한다면, '정한 마음이 없었기 때문에 성실하지 못한 것'이라고 할 수 있습니다. 정한 마음이 없었기 때문에, 불신앙적인 모습을 보인 것입니다. 정한 마음이란 '하나님 당신만을 믿습니다. 어떤 환경이 닥쳐와도 당신만을 믿고 따라가겠습니다.'라고 확정한 마음입니다. 그런데 정말로 이스라엘에게 어려운 상황이 닥쳐오자 그들의 마음이 흔들렸습니다. 그것을 성경은 '정한 마음이 없었다'라고 기록하였습니다.

이스라엘 백성이 광야에서 40년이나 헤매야 했던 이유는 바로 이러한 불신앙 때문입니다. 이스라엘 백성은 시내 산에서 하나님과 언약을 맺었습니다. 그 언약은 "나는 너희 하나님이 되고 너희는 내 백성이 되리라"는 것이었습니다. 이스라엘 백성들은 애굽을 탈출하여 홍해를 건너고, 시내 산에서 하나님과 언약을 맺었을 때, 너무너무 기뻤습니다. 그런데 이러한 언약을 맺고도, 하나님을 향해 불신앙의 모습을 보이는 것은 정한 마음이 없었기 때문입니다. 민수기 11장 5절에는 이스라엘 백성들이 불평하는 모습이 나타납니다. 그들이 애굽에 있었을 때는 생선과 오이와 참외와 부추와 파와 마늘을 먹었습니다. 이러한 음식들은 매우 귀한 음식들인데 값없이 먹었습니다. 그런데 하나님을 따라 나왔더니 만나 외에는 먹을 것이 없다고 불평한 것입니다.

8장. 성령을 통한 회개와 마음의 회복

이러한 불평 자체가 하나님 앞에서 정한 마음이 없다는 것을 보여주는 것입니다. 만약에 하나님 앞에서 정한 마음이 있었다면, 불평하지 않았을 것입니다. 다니엘서를 보면, 다니엘이 위대하게 쓰임 받을 수 있었던 중요한 이유는, 뜻을 정하였기 때문입니다. 마음속으로 하나님을 향한 뜻을 확고하게 정했기 때문에, 어떤 어려움이 와도 흔들리지 않고 하나님을 섬길 수 있었습니다. 바벨론에 포로로 끌려왔음에도 불구하고, 이스라엘 백성을 지켜주지 않으신 하나님께 불평하기보다, 하나님께 뜻을 정하고 왕의 진미를 먹지 않았던 것입니다. 그러한 다니엘을 하나님을 지키시고 높여 주셨습니다.

그런데 이스라엘 백성들의 마음속에는 정한 마음이 없었습니다. 조금만 어려워도 다시 애굽의 삶을 그리워하며 과장하여 불평하는 것입니다. 노예로 있으면서 어떻게 이런 귀한 음식들을 다 먹을 수 있었을까요? 행여 그런 음식들을 먹었다고 한들, 노예의 삶과 자유인의 삶이 비교될 수 없을 것입니다. 사실 처음 만나를 먹었을 때는, 만나를 내려 주신 하나님께 감사하며 꿀 섞은 과자 같았다고 감탄했습니다(출 16:21). 그런데 시간이 지나면서, 만나는 기름 섞은 과자 맛 같아졌습니다(민 11:8). 하나님 앞에 정한 마음이 없었기 때문에 감탄을 자아내던 만나가 매우 맛없는 음식이 되었던 것입니다.

하나님을 신뢰하는 정한 마음만 있었다면, 2년 반이면 가나안 땅에 들어갈 수 있었을 것입니다. 그런데 정한 마음이 없었기에 광야에서 40년을 헤매야 했습니다. 사탄은 우리의 마음이 조금만 흔들려도 그 틈을 타 불평하게 하고 무너지게 합니다. 그래서 정함이 없는 마음은 불신앙으로 이어집니다. 그러므로 광야의 훈련을 끝마치기 위해서는, 정한 마음이 없는 상태를 고쳐야 합니다. 우리는 불신앙을 반드시 극복해야 합니다. 그렇다면 어떻게 이것이 가능할까요?

하나님만 사랑하는 방법

하나님은 정한 마음이 없는 이스라엘에게 새 언약을 약속해 주셨습니다. 옛 언약으로는 그들의 삶을 바꿀 수 없었기 때문입니다. 옛 언약이 잘못되었다는 이야기는 아닙니다. 다만, 그 언약을 지켜 살아나갈 힘과 능력이 이스라엘에게 없었기에 번번이 무너진 것입니다. 그러한 그들을 위해 하나님은 새 언약을 주신 것입니다. 옛 언약과 새 언약의 내용은 같습니다. 그 핵심 내용은 하나님 사랑과 이웃 사랑입니다. 먼저, 하나님은 신명기 6장 4절에서, 마음을 다하고 뜻을 다하고 힘을 다하여 하나님을 사랑하라고 명령하고 계십니다. 이것이 모든 계명 중의 첫 번째 되는 계명입니다. 그런데 이 계명을 잃어버리면 정한 마음을 잃어버립니다. 다른 곳을 기웃거리는 것은 진짜 사랑이 아닙니다. 정한 마음 없이, 이곳저곳 기웃거린다면, 그것은 사랑을 잃어버린 것입니다. 그렇기에 정한 마음 없는 것을 고치기 위해서는 "하나님을 사랑하라"는 명령으로 돌아가야 합니다.

그러면 어떻게 하는 것이 마음을 다하고 뜻을 다하고 힘을 다하여 하나님을 사랑하는 것일까요? 불신앙의 모습을 전심으로 회개해야 합니다. 이것이 주님을 사랑하는 가장 기초적인 단계입니다. 회개하지 않고 주님을 사랑한다는 것은 진정한 사랑이 아닙니다. 누군가 나한테 잘못을 했는데, 전혀 사과하지 않고 사랑한다고 말한다면, 이 말을 받아들일 수 있을까요? 문제는 외면하고, 말로만 사랑한다고만 한다면, 그것이 옳은 일일까요? 그 사랑이 진심으로 느껴지시겠습니까? 광야에서 불신앙의 모습을 발견한다면, 그 불신앙을 극복하기 위해서는, 가장 첫 번째 되는 계명인, "마음을 다하고 뜻을 다하고 힘을 다하여 하나님을 사랑하라"는 명령으로 돌아가야 합니다. "마음을 다하고 목숨을 다하고 뜻을 다하여 하나님을 사랑하는 것"을 놓쳐서 불신앙에 빠지게 되었기 때문입니다. 그래서 광야에서 불신앙의 모습을 발견하면, 첫 번째 계명으로 돌아가서 그것을 붙잡아야 하는데, 그것이 잘못된 길에서 돌이키는 회개입니다.

그런데 잘못된 길에서 돌이키는 일은 내 힘만으로는 되지 않습니다. 오직 성령의 도우심이 있어야만 가능합니다. 요한복음 16장 8절을 보면 성령께서는, 죄에 대해서 책망하시며, 의에 대해서 책망하시고, 심판에 대해서 책망하신다고 말씀하십니다. 죄에 대해서 책망하신다는 것은, 내가 깨닫지 못하는 죄를 성령의 조명으로 보여 주시는 것을 의미합니다. 성령께서 조명해 주시지 않는다면, 절대 깨달을 수 없는 죄를 모두 드러내서, 죄에서 돌이키게 하시는 것입니다. 의에 대해서 책망하신다는 것은, 내가 가지고 있는 의는 하나님의 의에 비하면 티끌만도 되지 않는다는 것을 조명해 주시는 것입니다. 그래서 내가 가지고 있는 의로는 하나님께 도달할 수 없다는 것을 깨닫는 것입니다. 아무리 열심히 교회에서 봉사하고 이웃을 섬겼다고 하더라도, 내가 가지고 있는 의로는 하나님 앞에 나갈 수 없다는 것을 깨닫는 것입니다. 이러한 성령의 조명하심이 있을 때, 비로소 나의 죄 된 자아가 무너지는 것입니다.

그리고 심판에 대해 책망하신다는 것은, 이미 죄지은 자들은 마귀의 종이라는 사실을 깨닫고, 거기에서 회개하고 돌이키지 않는다면, 마귀가 심판받을 때 같이 심판을 받게 된다는 것을 깨달아 아는 것입니다. 사실 마귀는 이미 심판받았기 때문에, 죄 아래 있는 자들 역시 심판 아래 있는 것입니다. 그렇기에 성령께서 조명해 주실 때, 비로소 이러한 사실들을 깨닫고, 죄에서 돌이켜 진정으로 회개할 수 있게 됩니다. 이처럼 성령의 조명하심이 없으면, 우리는 진정으로 돌이켜 회개할 수 없습니다. 그래서 죄에서 돌이키기 위해서, 불신앙의 모습에서 돌이키기 위해서는, 성령의 조명하심 가운데 진정으로 회개해야 합니다. 이렇게 성령께서 조명하셔서, 죄를 깨닫고 회개하는 일은 예수 믿고 구원받을 때 한 번 필요한 일이 아니라, 신앙생활에서 지속적으로 이루어져야 하는 일입니다.

저희 아버지는 늦게 신학을 공부하시며 사역을 시작하셨는데, 기도로 준비해야 할 것들도 많고, 뜨거운 마음을 주님께 아뢰기 위해, 자주 기도원에 가셨습니다. 아버지께서 기도원에 기실 때마다 저를 데리고 다니셨습니다. 제가 어렸을 때, 기도원은 한국 교회 부흥의 산실이었습니다. 그때 기도원에서는 성령에 관한 찬양을 많이 불렀습니다. 부흥회가 월요일부터 금요일까지 이어졌는데, 첫째 날은 계속 성령에 관한 찬양을 불렀습니다. 그리고 회개하게 해달라고 그렇게 부르짖었습니다. 그런데 목요일이나 금요일이 되면, 찬양의 주제가 바뀝니다. 하나님을 예배하는 찬양들로 바뀌는 것이었습니다. 그리고 마지막 금요일에는 수많은 간증으로 채워졌습니다. 아직도 그 기억들이 생생합니다. 저는 한국 교회가 이러한 마음을 잃어버린 것은 아닌지 안타까운 마음이 들 때가 많습니다. 금요일에 그렇게 많은 간증이 나오기 위해서는, 성령의 도우심 가운데 하나님 앞에 잘못된 것들을 회개해야 합니다. 회개라는 단어가 로는 '슈브(שוב)'입니다. 이 단어의 의미는 '돌이키는 것'입니다. 하나님을 떠나서 내 멋대로 살았던 그 모든 삶으로부터, 하나님께로 돌이키는 것이 진정한 회개입니다. 죄로부터 돌이킴이 없는 광야는, 아무리 지적으로 깨달음이 있어도 소용없습니다. 회개 없이, 하나님을 아무리 사랑한다고 해도, 그것은 형식적일 수밖에 없습니다. 그렇기에 마음을 정하고, 뜻을 정하여, 하나님 앞에 나가기 위해서, 진정으로 회개할 수 있도록 성령께 구해야 합니다.

옛 언약과 새 언약의 차이

성령은 진리의 영(요 16:13)이시기 때문에, 성령께서 마음껏 일하시기 위해서는 반드시 회개하여 진리 안에 거하는 일이 필요합니다. 하나님과 관계가 어긋나 있는데, 그 관계를 회복하지 않고는, 진리의 성령께서 충만하게 역사하실 수 없기 때문입니다. 성령과 동행하기 원한다면, 성령의 권능 가운데 사명을 감당하기 원한다면, 반드시 회개해야 합니다. 지속적으로 성령 충만한 삶을 살기 원한다면, 먼저 회개가 선행되어야 합니다. 진리 가운데로 나갈 수 있어야, 진리의 영이 역사하실 수 있기 때문입니다. 그런데 중요한 것은, 이렇게 회개케 하시는 분도 성령이시고, 회개할 때 진리 가운데서 기뻐하시는 분도 성령이시고, 기쁨 가운데서 큰 역사로 끌어가시는 분도 성령이시라는 것입니다.

옛 언약과 새 언약의 내용은 같지만, 옛 언약과 새 언약의 차이는 바로 '성령'에 있습니다. "새 영, 하나님의 영을 우리 마음속에 두어 굳은 마음을 제거해 주시고, 우리로 하여금 율법을 지켜 행하게 해 주신다"고 약속한 것이 새 언약이기 때문입니다(겔 36:26-27). 그렇기에 새 언약의 핵심은 성령을 보내주신다는 것이며, 이렇게 성령을 보내셔서 하시는 일은 크게 두 가지라고 할 수 있습니다. 첫 번째는, 굳은 마음을 제거하고 부드러운 마음을 주시는 것이고, 두 번째는 율법을 지키게 해 주신다는 것입니다.

이스라엘 백성들이 옛 언약을 지키는데 실패한 이유는 율법을 지키지 못했기 때문입니다. 돌판에 새겨 주신 율법을 지키지 못했기 때문입니다. 그래서 하나님은 당신의 영을 우리 마음에 부어주셔서, 율법을 우리 마음에 새겨 주시는 것입니다. 율법을 우리 마음에 새겨 주시기 위해, 먼저 우리 안에 굳어져 있는 마음을 제거하고 부드러운 마음을 주시겠다는 것입니다. 그렇기에 새 영을 부어주셔서 하시는 가장 첫 번째 일은 굳은 마음을 제거하고 부드러운 마음을 주시는 것이라고 할 수 있습니다.

성령께서 하시는 일이 많이 있는데 왜 새 언약으로 성령을 부어주신다고 하면서, 마음을 이야기할까요? 그것은 마음이 중요하기 때문입니다. 사람에게 있어서 마음은 문제의 뿌리가 될 뿐만 아니라, 극복하기 힘든 과제이기도 합니다. 하나님과 사탄의 영적인 전쟁은 다름이 아닌, 바로 마음을 얻기 위한 싸움이라고 할 수 있습니다. 사탄은 에덴동산에서 사람의 마음을 훔쳐 갔습니다. 그 후 사람의 마음은 만물보다 더욱 부패하였고(렘 17:9), 사람은 하나님보다 피조물을 더 사랑하게 되었습니다(롬 1:25). 그래서 하나님은 사람들에게 새로운 마음을 주시려는 계획을 세우신 것입니다. 예수를 믿으면서도 속사람이 바뀌지 않는 것은, 이러한 하나님의 새 언약을 믿음으로 취하지 못하였기 때문입니다.

여러분! 혹시 내 영이 탄식하는 소리를 들어본 적이 있습니까? 제가 대학생 때 어느 교회의 중등부 교사로 봉사했었는데, 같이 교사로 섬기시던 남자 집사님이 기도원에 가자고 하시면서, 자신의 영이 탄식하는 소리가 들린다고 하셨습니다. 그래서 그분과 함께 기도원에 여러 번 다녀왔던 적이 있습니다. 그런데 그분이 저에게 기도원에 같이 가자고 제안한 것은, 저에게 그런 제안을 했을 때, 제가 들을 수 있는 사람이었기 때문일 것입니다. 이것이 부드러운 마음입니다. 그 당시 저에게도 일말의 부드러운 마음이 있었나 봅니다. 만약 굳은 마음으로 채워져 있었다면, 그 선생님과 같이 가지 않았을 것입니다. 그런데 내 안에는 나도 알지 못하는 굳은 마음이 있습니다. 하나님을 불신앙하면서 갖게 되는 굳은 마음이 있습니다. 그 마음이 제거되어야 합니다. 하나님이 하나님의 영을 부어주시는 이유가 거기에 있습니다. 그 마음을 바꾸시기 위하여 성령을 부어주시는 것입니다.

고쳐져야 할 마음의 상태

마음에는 중요한 기능들이 있습니다. 먼저 마음으로 사랑합니다. 마음에서 사랑이 흘러넘칠 때, 하나님을 진심으로 사랑할 수 있게 되며, 생명이 흘러갈 수 있습니다. 또한, 우리는 마음으로 믿습니다. 누가복음 24장 25절에서, 예수님은 "미련하고 선지자들이 말한 모든 것을 마음에 더디 믿는 자들"이라고 말씀하십니다. 로마서 10장 9-10절에는 "마음으로 믿어 의에 이른다"고 기록하고 있습니다. 마음에는 목적과 의지가 있으며, 느끼고 깨닫는 기능이 있습니다. 그리고 마음에는 여러 가지 감정과 정서가 있는데, 이러한 정서와 감정들은 우리의 삶을 풍성하게 하시기 위해 하나님이 베푸신

선물입니다. 이렇듯 마음은 매우 중요한 곳이기에 반드시 새롭게 되어야 합니다.

『죽음에 이르는 일곱 가지 죄』라는 책이 있습니다. 내용에 보면, 중세 시대에는 수도원이 융성했습니다. 예수의 온전한 제자가 되기 위해 많은 사람이 수도원으로 들어갔기 때문입니다. 그들은 결혼도 하지 않고 간단한 식사와 단순한 공동체를 유지하면서 주력했던 것이 있습니다. 그것은 묵상과 기도와 예배와 말씀을 읽는 것이었습니다. 그것에만 초점을 맞추며 생활했습니다. 그런데 그들이 결혼도 하지 않고 주님 앞에 집중하는 생활을 했지만, 그들이 그렇게 집중하고 영적인 생활을 영위해도, 그들 마음속에 그들의 힘으로 절제할 수 없는 것들이 있다는 사실을 발견하였습니다. 그것은 바로 '교만', '시기', '분노', '정욕', '게으름', '탐욕', '탐식'이었습니다. 그래서 수도사들은 이 7가지를 '죽음에 이르는 죄'로 불렀습니다.

이러한 7가지 죄악들은 다 마음속에서 생겨납니다. 예레미야 17장 9절에 보면 "만물보다 거짓되고 심히 부패한 것은 마음이라"고 말하고 있습니다. 성경에서 지속적으로 말씀하고 있는 것 중의 하나는, 바로 '마음'입니다. 다른 말로는 '중심'이라고 이야기합니다. 하나님은 중심을 보신다고 하십니다(삼상 16:7). 중심을 보신다는 것은, 바로 마음을 보신다는 것입니다. 이스라엘 백성들은 부패한 마음을 가지고 애굽에서 나왔습니다. 이스라엘 백성들이 애굽으로부터 구원은 받았지만, 마음을 고칠 시간이 없었습니다. 그리하여 구원받은 것 때문에 기쁘고, 그 순간에는 하나님을 찬양하고 예배하기는 하지만, 조금만 어려운 일이 생겨도 불평하고 반항하는 것입니다.

이렇게 부패한 마음, 고쳐야 할 마음의 상태들이 있습니다. 첫째는, 하나님으로부터 떠나 있는 마음입니다(렘 17:5). 두 번째는 죄로 새겨져 있는 마음입니다(렘 17:1). 세 번째는 거짓된 마음입니다(렘 17:9). 네 번째는 교만한 마음입니다(겔 28:2). 다섯 번째는 어두워진 마음입니다(롬 1:21-23). 여섯 번째는 회개하지 않는 마음입니다(롬 2:5). 일곱 번째는 둔하여진 마음입니다(눅 21:34). 원수는 우리의 마음을 도둑질하기 원합니다. 그렇기에 상한 마음은 치유를 받아야만 하는 것입니다(사 61:1-3). 고쳐져야 합니다.

마음이 고쳐지지 않으면, 좋은 상황에서도 부패한 마음이 드러날 수 있는데, 광야에 들어가면 더욱더 드러나지 않을까요? 그래서 하나님은 광야로 데려가셔서 그 부패한 마음을 드러내시는 것입니다. 하나님은 왜 부패한 마음을 드러내실까요? 그 부패한 마음이 드러나야 고칠 수 있기 때문입니다. 그래서 하나님은 마음이 이렇게 부패했다는 것을, 마음이 이렇게 썩었다는 것을, 마음에서 이렇게 지독한 냄새가 난다는 것을 보여주는 것입니다. 마음이 부패한 것을 깨닫게 될 때, 마음이 썩었다는 것을 깨닫게 될 때, 성령께서 주시는 새로운 마음을 사모하게 됩니다.

성령을 통해 주시는 새로운 마음

그렇다면 하나님께서 성령을 통해 우리에게 굳은 마음을 제거하고 주시려는 새로운 부드러운 마음은 어떤 마음일까요? 그것은 첫째, 성령께 민감하게 반응해서 깨닫고 돌이키는 마음입니다. 굳어 있는 마음은 건드려도 반응하지 않습니다. 아무리 때려도 꿈쩍하지 않습니다. 그러나 부드러운 마음은 어떠한 작은 미동에도 반응하고 응답하는 마음입니다. 둘째, 하나님을 아는 마음입니다. 예레미야 24장 7절을 보면 "내가 여호와인 줄 아는 마음을 그들에게 주어서 그들이 전심으로 내게 돌아오게 하리니 그들은 내 백성이 되겠고 나는 그들의 하나님이 되리라"고 기록하고 있습니다. 하나님께서 이스라엘 백성의 하나님이 되시고 이스라엘은 하나님의 백성이 되리라는 이 약속은 언제 처음 하셨을까요? 출애굽 해서 시내 산에서 하나님과 처음 언약을 맺을 때 하신 말씀입니다. 그런데 이스라엘 백성이 그 언약을 잃어버렸습니다. 그래서 하나님은 내가 여호와인 줄 아는 마음을 주시겠다고 하셨는데, 이것이 부드러운 마음입니다.

셋째, 이 마음은 하나님을 경외하는 마음입니다. 예레미야 32장 38-41절을 보면 "그들은 내 백성이 되겠고 나는 그들의 하나님이 될 것이며 내가 그들에게 한마음과 한 길을 주어 자기들과 자기 후손의 복을 위하여 항상 나를 경외하게 하고 내가 그들에게 복을 주기 위하여 그들을 떠나지 아니하리라 하는 영원한 언약을 그들에게 세우고 나를 경외함을 그들의 마음에 두어 나를 떠나지 않게 하고 내가 기쁨으로 그들에게 복을 주되 분명히 나의 마음과 정성을 다하여 그들을 이 땅에 심으리라"라고 말씀하고 있습니다. 하나님을 경외하는 마음을 주셔서 하나님을 떠나지 않게 하신다는 것입니다. 하나님을 경외하는 마음에는 죄가 함께 거할 수 없기 때문에, 하나님을 떠나지 않게 되는 것입니다. 그런데 오늘날 교회 안에서 보기 힘든 것이 하나님을 경외하는 마음이 아닐까 생각합니다.

베드로가 밤새 물고기를 한 마리도 잡지 못했을 때 예수님은 깊은 데로 가서 그물을 내려 고기를 잡으라고 했습니다. 베드로가 그 말씀에 의지해서 그물을 내렸을 때, 그물이 찢어질 정도로 많은 고기가 잡혔습니다. 그런데 그때 베드로는 의외의 반응을 보입니다. 물고기를 많이 잡으면 너무 기뻐서 '할렐루야!'를 외쳐야 할 것 같은데, 베드로는 오히려 예수님 무릎 아래에 엎드려 "주여! 나를 떠나소서. 나는 죄인이로소이다"라고 고백합니다(눅 5:8). 이것이 바로 경외감에서 나온 고백입니다. 베드로의 신앙은, 이 고백으로부터 출발하고 있습니다. 이사야도 높이 들린 보좌에 앉으신 주를 보게 되었을 때, "화로다 나여 망하게 되었도다 나는 입술이 부정한 사람이요 나는 입술이 부정한 백성 중에 거주하면서 만군의 여호와이신 왕을 뵈었음이로다"라고 고백합니다(사 6:5). 그런데 오늘날 교회 안에는 하나님을 향한 이러한 경외가 사라져 갑니다. 하나님을 경외하는 마음이 신앙의 기본이고 출발인데, 이러한 경외감은 사라지고, 딱딱하게 굳은 마음만 남아 있는 것입니다.

네 번째, 한마음입니다. 일치하는 마음입니다. 에스겔 11장 19-20절을 보면 "내가 그들에게 한마음을 주고 그 속에 새 영을 주며 그 몸에서 돌 같은 마음을 제거하고 살처럼 부드러운 마음을 주어, 내 율례를 따르며 내 규례를 지켜 행하게 하리니, 그들은 내 백성이 되고 나는 그들의 하나님이 되리라"고 기록하고 있습니다. 하나님께서 반복해서 하시는 말씀이, 새 영을 부어주어 돌 같이 굳은 마음을 제거하고 부드러운 마음을 주신다는 것입니다. 그런데 그 부드러운 마음은 한마음이라는 것입니다. 한마음은 어떠한 마음일까요? 그것은, 앞에 있는 것을 모두 종합한 마음일 것입니다. 하나님을 알아가고 하나님을 경외하는 마음일 것입니다.

사도행전 2장은 성령 강림의 장인데, 성령께서 강림하셨을 때 이 언약이 성취됩니다. 사도행전 2장 42-47절을 보면, "그들이 사도의 가르침을 받아 서로 교제하고 떡을 떼며 오로지 기도하기를 힘 쓰니라 사람마다 두려워하는데 사도들로 말미암아 기사와 표적이 많이 나타나니 믿는 사람이 다 함께 있어, 모든 물건을 서로 통용하고 또 재산과 소유를 팔아 각 사람의 필요를 따라 나눠 주며 날마다 마음을 같이하여 성전에 모이기를 힘쓰고 집에서 떡을 떼며 기쁨과 순전한 마음으로 음식을 먹고 하나님을 찬미하며 또 온 백성에게 칭송을 받으니 주께서 구원받는 사람을 날마다 더하게 하시니라"라고 말씀하고 있습니다.

성령께서 강림하신 후, 베드로의 전도를 받아 예수님을 믿고 구원받게 된 신약의 성도들이 사도들의 가르침을 받아, 다 한마음으로 교제하고 떡을 떼며 오로지 기도하기에 힘을 썼습니다. 사도의 가르침을 받아 하나님을 알아가며 믿는 사람들뿐만 아니라, 믿지 않는 사람들까지 두려워하는 마음, 경외하는 마음을 갖게 되었고, 날마다 마음을 같이 하여 모이기에 힘써 하나가 되는 모습을 보였던 것입니다. 예레미야와 에스겔 선지자를 통해 예언하신 약속이, 사도행전 2장에서 성령이 강림하시면서 즉각적으로 실현되기 시작했습니다. 그런데 한마음만 된다고 좋은 것이 아닙니다. 사람을 죽이는데 한마음 되면, 안 됩니다. 사람을 쓰러뜨리는데 한마음이 되면 안 됩니다. 여기서 한마음이란, 하나님을 아는 마음, 하나님을 경외하는 마음에서 하나가 되는 것을 뜻하는 것입니다.

마음 가운데 임재하시는 성령님

그러면 왜 마음이 중요할까요? 로 마음을 뜻하는 단어는 '레브(לבב)'이고, 헬라어로는 '카르디아(καρδιά)'라고 하는데, 성경에서 천 번 이상 나오고 있습니다. 여기서 마음은 심장을 뜻하는 것이 아니라, 인간의 중심을 의미합니다. 그래서 하나님께서 나에게 가장 관심을 두시는 곳은 나의 마음입니다. 하나님께서 사람에게 가장 관심을 두시는 곳은 외모가 아니라 마음, 즉 중심입니다(삼상 16:7). 그래서 예레미야는 하나님께서 사람에게 가장 관심을 두신 마음이 가장 썩었고 가장 냄새가 나고 가장 부패했다고 한탄하는 것입니다.

데살로니가전서 2장 4절에 보면 "오직 우리 마음을 감찰하시는 하나님을 기쁘시게 하려 함이라"라고 기록하고 있습니다. 하나님께서는 우리 마음을 감찰하신다는 것입니다. 사도행전 15장 8절에도 마음을 아시는 분이 하나님이시라고 기록하고 있습니다. 잠언 4장 23절에는 "모든 지킬 만한 것 중에 더욱 네 마음을 지키라 생명의 근원이 이에서 남이니라"라고 기록하고 있습니다. 또한 마음은 우리 안에 있는 지성소입니다. 지성소는 하나님께서 임재하고 계시는 곳입니다. 하나님이 거하시는 곳입니다. 고린도전서 3장 16절을 보면 "너희는 너희가 하나님의 성전인 것과 하나님의 성령이 너희 안에 계시는 것을 알지 못하느냐"고 바울 사도는 이야기합니다. 믿은 사람은 하나님의 성전인데, 하나님의 성령이 거하고 계신다는 것입니다. 그렇다면, 하나님은 우리 안 어디에 임재하고 계실까요? 바로 마음에 임재하고 계시는 것입니다. 그래서 마음은 우리 몸의 지성소라고 할 수 있습니다.

그러면 어떻게 우리 마음 안에 거하십니까? 하나님의 살아계신 말씀을 기록함으로 거하십니다. 갈라디아서 4장 6절에 보면, "너희가 아들이므로 하나님이 그 아들의 영을 우리 마음 가운데 보내사 아빠 아버지라 부르게 하셨느니라"고 기록하고 있습니다. 하나님께서 아들의 영이신 새 영, 성령을 우리 마음 가운데로 보내셨다는 것입니다. 그래서 우리가 하나님을 향해 아빠 아버지라고 부를 수 있습니다. 거꾸로 이야기하면, 마음이 부패하고 썩어 있으면 하나님을 아빠 아버지라고 부를 수 없다는 것입니다.

성경에 보면 완악한 시대에도 마음을 지켜 의인으로서 지속적으로 하나님께 순종한 인물이 나오는데, 노아입니다(창 6:5-10). 그러나 완악한 시대 가운데 살면서, 처음에는 의인이었지만 마음을 지키지 못해 타락한 사람이 있는데, 그는 롯입니다. 베드로후서 2장 5-8절을 보면 "옛 세상을 용서하지 아니하시고 오직 의를 전파하는 노아와 그 일곱 식구를 보존하시고 경건하지 아니한 자들의 세상에 홍수를 내리셨으며 소돔과 고모라 성을 멸망하기로 정하여 재가 되게 하사 후세에 경건하지 아니할 자들에게 본을 삼으셨으며, 무법한 자들의 음란한 행실로 말미암아 고통당하는 의로운 롯을 건지셨으니 이는 이 의인이 그들 중에 거하여 날마다 저 불법한 행실을 보고 들음으로 그 의로운 심령이 상함이라"라고 기록하고 있습니다.

소돔과 고모라는 세상의 판박이입니다. 롯은 소돔과 고모라를 자기가 선택해서 들어갔습니다. 그런데 아무리 의인이라도, 가서 보고 듣고 하는 모든 것이 하나님이 기뻐하시지 않는 것들로 가득 차 있을 때, 마음을 지키기가 힘이 듭니다. 세상에 영향을 끼치지 못하고, 오히려 또 다른 의인의 도움이 없이는 구원을 받지 못할 지경까지 이른 것입니다. 그 대표적인 주자가 롯입니다. 노아가 되길 원하십니까? 롯이 되길 원하십니까? 두 사람 다 의인이었습니다. 그런데 마음을 어떻게 지키는가에 따라 노아가 될 수도 있고 롯이 될 수도 있습니다. 뜻을 정하고 그 뜻을 놓치지 않는 것이 광야 생활의 키(Key)입니다.

이 세상이 광야 같다는 것은 다 느끼고 있을 것입니다. 그 광야 같은 세상에서 해야 할 일이 있습니다. 불신앙의 마음을 버리는 것입니다. 불신앙을 가지고는 이스라엘처럼 40년을 광야에서 헤매게 될 수 있습니다. 그런데 우리는 연약하고 한계가 있기 때문에 불신앙의 모습이 나타날 때도 있습니다. 그러면 곧바로 잃어버린 첫 번째 계명으로 돌아가야 합니다. 첫 번째 계명으로 돌아가기 위해서는 회개해야 합니다.

내 영혼의 그윽히 깊은 데서

말씀을 전하다가 만난 사업가 한 분이 계십니다. 어느 날, 말씀을 전하고 난 후에, 그분이 저에게 기도해 달라고 부탁하셨습니다. 그분은 젊었을 때는 예수님께 미쳐서 폐병이 걸렸는데도 산소 호흡기를 가지고 다니면서 전도하였고, 비구니에게 복음 전하다 뺨도 맞는 일이 있었지만, 기쁨으로 복음을 전했다고 하셨습니다. 그때는 사업도 잘 안 되고, 폐병에 걸려 언제 죽을지도 몰랐지만, 뜨거움과 열정이 있었다는 것입니다. 그런데 지금은 하나님께서 축복하셔서 건강도 좋아지고, 사업도 번창해 돈도 많이 벌었지만, 말씀을 듣다 보니 한 가지 잃어버린 것이 있다는 것을 깨달았다는 것입니다. 예전에는 마음 깊은 곳에서 울려 나오는 찬양이 있었는데, 그것은 "평화 평화로다 하늘 위에서 내려오네"라는 찬양과 같은 곡이었다고 합니다. 사업이 잘 안 되고, 병에 걸려 언제 죽을지 몰랐지만, 그때에는 하나님께서 주시는 평화가 있었습니다. 그런데 지금은 그 평화를 잃어버린 것입니다. 그분은 잃어버린 마음, 평화를 찾을 수 있도록 기도해 달라고 부탁하셨습니다. 저보다 한참 연배가 높으신 분이, 제 설교를 듣고 기도해 달라고 부탁하시는 그 모습을 보면서, 저는 같이 무릎을 꿇고 울면서 기도할 수밖에 없었습니다. 하나님이 그 영혼을 얼마나 사랑하시는지 알 수 있었고, 말씀에 즉각적으로 반응하시는 모습이 너무 귀해 보였습니다.

"내 영혼의 그윽히 깊은 데서"라는 찬양 가사에 평화가 '보화'라고 이야기합니다. 금이 보화가 아니고, 은이 보화가 아닙니다. 마음 깊은 곳에서 울려 나오는 평화, 이것이 보화입니다. 만약에 우리 마음속에서 그 평화가 사라졌다면, 몸은 편안하다고 하더라도 마음은 아직도 전투 가운데 있는 것입니다. 아직도 미워하는 사람을 용서하지 못하고, 아직도 과거의 기억에 얽매여 있고, 아직도 내 마음속에는 하나님께 서운한 마음이 가득 차 있을 수 있습니다. 이런 것들이 있다면 어떻게 마음속에서 평화가 흘러나올 수 있을까요?

예수님께서는 믿는 자들의 배에서 생수의 강이 흘러나온다고 하셨습니다. 그리고 이 생수의 강은 믿는 자들이 받을 성령을 가리키는 것이라고 말씀하셨습니다(요 7:38-39). 여기서 배는 바로 마음이라고 할 수 있습니다. 예수님의 말씀대로 적용하자면 믿는 자들의 마음속에서 생수의 강이 흘러나와야 합니다. 그런데 믿는 자들의 마음속에서 생수의 강이 흘러나오지 못하는 이유는 무엇일까요? 그것은 더럽고 복잡한 것들이 그 중심을 막고 있기 때문입니다. 그렇기에 우리는 성령께 우리의 굳은 마음을 제거해 주시고 부드러운 새 마음을 달라고 간절히 구해야 합니다. 성령께서 우리 마음을 바꾸어 주실 때, 우리 마음속에서 다시 한번 생수의 강, 평화의 강, 사랑의 강이 흘러넘칠 수 있을 것입니다.

9장
새 마음의 창조를 위한 성령의 역사

> 우리가 육신으로 행하나 육신에 따라 싸우지 아니하노니 우리의 싸우는 무기는 육신에 속한 것이 아니요 오직 어떤 견고한 진도 무너뜨리는 하나님의 능력이라 모든 이론을 무너뜨리며 하나님 아는 것을 대적하여 높아진 것을 다 무너뜨리고 모든 생각을 사로잡아 그리스도에게 복종하게 하니(고후 10:3-5)

마음의 온전한 변화

때로는 세상 사람처럼 살아가는 그리스도인을 보기도 합니다. 또는 세상 사람보다 못하게 보이는 그리스도인도 있습니다. 정말 구원을 받았다면, 정말 예수를 믿는다면, 어떻게 저런 모습을 보일 수 있을까? 하고, 너무 실망이 될 때가 있습니다. 그런데 광야에서 마음을 훈련하시는 성령의 사역을 생각해 보면, 그런 사람들을 함부로 판단할 수 없을 것 같습니다. 구원을 받았어도, 아직 마음의 문제가 완전히 해결되지 않을 수 있기 때문입니다. 그리스도인들이 함께 모여 공동체 생활을 하는 곳에서도, 여러 가지 문제들이 나타나는 것을 봅니다. 예수를 믿고 구원을 받아 부르심에 따라 모였지만, 아직 마음의 문제가 정리되지 않은 부분들이 있기 때문입니다. 누구나 마찬가지입니다. 예수를 믿고 따라간다고 하더라도, 세상 방식에서 완전히 벗어나지 못한 부분이 있을 수 있습니다. 그렇기 때문에 굳은 마음이 툭툭 튀어나와 문제가 생기는 것입니다.

예수 믿고 구원받았다고 다 똑같은 것이 아닙니다. 어떤 사람은 마음이 50% 정도 정리된 사람이 있고, 어떤 사람은 마음이 30% 정도 정리된 사람도 있습니다. 또는 마음이 20%나 10% 정도 정리된 사람도 있을 것입니다. 이런 시각에서 보면, 문제를 일으키는 사람들은 아직 마음의 문제가 정리되지 못했기 때문이라고 이해할 수 있습니다. 나 역시도 마음의 문제들이 많았던 적이 있었고, 여전히 아직 정리되지 못한 마음의 문제들이 있기 때문입니다. 그렇기에 그들을 위해 기도하며 기다려 줄 수 있어야 합니다. 교회 지도자들 역시, 마음의 문제를 완전히 해결하지 못한 사람들이 있을 수 있습니다. 물론 지도자이기에 더욱 노력하고 모범이 되는 모습을 보여줘야 하겠지만, 아직 정리되지 않은 마음의 문제가 있을 수 있습니다. 그렇기에 교회 지도자들을 위해서도, 마음의 문제를 완전히 해결할 수 있도록 중보하는 것이 필요합니다.

하나님이 이스라엘 백성에게 율법을 주셨지만, 그들은 율법을 지킬 능력이 없었습니다. 그래서 하나님은 새 언약으로 성령을 부어 주시겠다고 약속하셨습니다. 성령께서 오셔서 굳은 마음을 제거해 주시고, 하나님이 원하시는 마음으로 온전히 변화시켜 주시겠다는 것입니다. 그리고 그 약속대로 오순절 날 성령께서 오셔서 우리 마음 가운데 거하시며 우리의 마음을 고치고 계십니다.

'히즈윌'이라는 CCM 그룹이 "광야를 지나며"라는 찬양을 불렀습니다. 이 가사를 보면 성경에서 말씀하고 있는 광야의 훈련을 함축적으로 너무 잘 표현하고 있다고 생각합니다. 광야는 철저하게 홀로 두시며, 낮아지게 하는 곳으로, 성령으로 새롭게 태어나는 곳이 광야라고 노래하고 있습니다. 그로 인해 오직 주님만 의지하고, 주님 뜻만을 이루는 사람으로 만들어지는 곳이 바로 광야입니다. 제가 지금까지 성경을 바탕으로 광야에 대해 설명한 내용이 이 찬양 가사에 함축적으로 녹아 있습니다.

> 왜 나를 깊은 어둠 속에 홀로 두시는지
> 어두운 밤은 왜 그리 길었는지
> 나를 고독하게 나를 낮아지게
> 세상 어디도 기댈 곳이 없게 하셨네
> 광야 광야에 서 있네

9장. 새 마음의 창조를 위한 성령의 역사 217

주님만 내 도움이 되시고
주님만 내 빛이 되시는
주님만 내 친구 되시는 광야
주님 손 놓고는 단 하루도 살 수 없는 곳
광야 광야에 서 있네

주께서 나를 사용하시려
나를 더 정결케 하시려
나를 택하여 보내신 그곳 광야
성령이 내 영을 다시 태어나게 하는 곳
광야 광야에 서 있네

내 자아가 산산이 깨지고
높아지려 했던 내 꿈도 주님 앞에 내려놓고
오직 주님 뜻만 이루어지기를
나를 통해 주님만 드러나시기를
광야를 지나며

훈련 받은 대로 살아내기

출애굽기에 나타난 신앙의 여정을 살펴보면 '세상(애굽)', '광야', '가나안' 세 부분으로 나눌 수 있습니다. 세상(애굽)으로부터 구원받은 후에 광야의 훈련을 통과하고 가나안에 들어가는 것입니다. 그런데 가나안도 그냥 주어지는 것이 아닙니다. 광야에서 40년 동안 훈련받은 것을 가지고 가나안 땅에 들어가서 싸워야 합니다. 이스라엘이 광야의 40년 훈련이 끝난 다음, 가나안 땅으로 들어가기 위해 통과해야 할 첫 번째 관문은 가장 견고해 보이는 여리고 성이었습니다. 만약 여리고 사람들이 성문을 열어주었다면 싸우지 않고 들어갈 수 있었지만, 여리고 사람들이 이스라엘에 관한 소문을 듣고 두려워 문을 닫았기 때문에, 싸울 수밖에 없었습니다. 싸워서 쟁취해야만 했습니다.

그런데 구약성경에 보면, 광야를 지나 가나안 땅에 들어간 사람은 여호수아와 갈렙뿐이었습니다. 그들을 제외하고, 모세와 함께 애굽을 떠난 후 광야의 훈련을 받았던 1세대는 다 광야에서 죽었습니다. 광야에서 마음이 훈련된 2세대와, 처음부터 그런 마음을 가지고 있었던 여호수아와 갈렙만이 가나안 땅에 들어갔습니다. 그렇기에 가나안은, 세상 방식을 버리고 하나님만 의지하며 하나님의 뜻대로 쓰임 받을 수 있도록 마음이 훈련된 사람들이 들어간 땅이라고 할 수 있습니다.

광야의 긴 훈련 끝에, 마음의 준비가 된 사람들이 가나안 땅에 들어갈 수 있게 되었습니다. 그런데 하나님께서는 그들에게 직접 싸워서 가나안 땅을 정복하라고 하십니다. 광야에서 40년을 훈련받았으면, 이제는 편안하게 가나안 땅에 들어가는 복을 누려야 할 것 같은데, 하나님은 싸워서 정복하라고 하십니다. 인간적으로 생각하면 이러한 하나님의 명령이 너무하다고 느껴집니다. 이스라엘이 40년 동안 군사훈련을 받은 것이 아니지 않습니까? 그렇다면 싸울 수 있도록 무기를 주셔야 하는 것 아닙니까? 그런데 무기도 안 주셨습니다. 그것도 아니면, 연합군이라고 붙여 주셔야 하는 것 아닙니까? 그런데 함께 싸울 훈련된 사람들이 없었습니다. 하지만 더 놀라운 것은, 싸우는 훈련을 받지 않은 이스라엘 백성들이 하나님의 명령대로 가나안 주민들과 싸우는 것입니다. 참 대단하지요.

광야 40년은 철저하게 죄 된 자아가 죽는 시간입니다. 그래서 하나님이 '서라고 하면 서고, 가라고 하면 가게' 되어 있습니다. 인간적으로 보면, 하나님만 의지하도록 삶의 방식을 바꾸는 훈련만 받았는데, 싸우라고 하시는 것은 너무 한 것 아닌가 하는 생각을 할 수도 있지만, 이스라엘 백성은 그 훈련 때문에 하나님의 명령에 순종해서 싸울 수 있었습니다. 이것이 광야 훈련의 결과입니다. 광야에서 마음의 문제를 해결한 사람들의 모습입니다. 성령의 음성에 민감하게 반응하며, 삶의 방식을 바꾼 사람들은 하나님의 뜻에 따라 싸울 수 있게 된 것입니다. 비록 현실과 하나님의 명령 사이에 큰 괴리가 보여도, 하나님이 명령하시면 순종합니다.

그런데 하나님은 왜 싸우라고 하셨을까요? 그것은 아직도 해결해야 할 문제가 남아 있기 때문입니다. 가나안 땅에 들어갔다고 모두 끝난 것이 아닙니다. 그것은 이스라엘 백성들이 가나안 땅에 들어가서 승리만 한 것이 아니라, 패배하는 모습을 통해서 알 수 있습니다. 대표적으로 아이 성의 패배가 있습니다. 난공불락의 여리고 성은 단번에 정복할 수 있었지만, 작은 아이 성에서는 쓰라린 패배를 맛보아야만 했습니다. 훈련이 완전히 끝났다고 한다면, 이스라엘 백성들은 가나안 땅에 들어가 모든 전쟁에서 승리하고, 하나님의 말씀대로 가나안 주민들을 모두 쫓아내고 땅을 차지할 수 있었을 것입니다. 그러나 결과는 그렇지 않았습니다. 가나안 땅에서 이스라엘 백성들은 승리도 하고, 패배도 하면서 무엇을 느꼈을까요? 하나님은 무엇을 배우게 하셨을까요?

하나님은 무조건 싸우라고 하시지 않습니다. 광야에서 훈련받은 대로 싸우라는 것입니다. 무엇을 훈련받았지요? 이전의 삶의 방식을 버리고, 하나님께 뜻을 정하고 하나님만 바라보고 하나님의 도우심으로 살아가는 것을 배웠습니다. 그 훈련대로 하나님의 명령에 순종해서 하나님의 방법대로 싸우면 되는 것입니다. 전쟁은 하나님께 속해 있기 때문에, 하나님께서 승리하게 하십니다. 이스라엘 백성들이 무기를 가지고 싸웠지만, 철저히 하나님의 방법대로 이기게 하십니다. 그런데 이스라엘 백성들이 조금이라도 교만하거나,

하나님을 전적으로 신뢰하지 못하면, 패배하게 됩니다. 가나안 땅에 들어가도, 그 원리는 같습니다.

생각을 사로잡아 그리스도에게 복종하라

　40년 동안 광야에서 훈련을 받고 마음과 삶의 방식을 바꿔서 가나안 땅에 들어갔는데, 아직 정리되지 못한 것이 무엇일까요? 여전히 훈련받아야 할 무엇이 남아 있는 것일까요? 그것은 바로 '생각'입니다. 우리의 마음은 생각의 영향을 받습니다. 어떻게 생각하는가에 따라서 행동이 달라집니다. 그래서 마음을 우리의 지성소라고 할 때, 지성소인 마음과 육신을 연결해 주는 통로가 생각입니다. 이스라엘 백성들이 광야에서 마음을 바꾸는 훈련은 받았지만, 생각은 훈련받지 못했습니다. 그렇기에 생각을 지배하고 있는 여러 가지 이론들로 말미암아, 하나님의 뜻과는 다른 삶을 살 수도 있습니다.

　사탄이 십자가에 못 박힌 예수님을 향하여 십자가에서 내려오라고 계속 소리쳤던 것처럼, 이미 십자가에 못 박힌 우리 옛사람의 경험이 있지만, 우리를 실패하게 하려고 끈질기게 십자가에서 내려오라고 유혹합니다. 광야에서 마음의 훈련을 통해 옛 자아를 십자가에 못 박은 우리에게, 생각을 통해 다시 무너지게 만들기 위해 끊임

없이 시도하는 것입니다. 그러나 예수님이 십자가에서 내려오기를 거절하신 것처럼, 우리도 옛사람의 문제들에 다시 잡히기를 거절해야 합니다. 생각의 훈련을 통해서 마음을 지켜야 합니다.

고린도후서 10장 3-5절에 보면, "우리가 육신으로 행하나 육신에 따라 싸우지 아니하노니 우리의 싸우는 무기는 육신에 속한 것이 아니요 오직 어떤 견고한 진도 무너뜨리는 하나님의 능력이라 모든 이론을 무너뜨리며 하나님 아는 것을 대적하여 높아진 것을 다 무너뜨리고 모든 생각을 사로잡아 그리스도에게 복종하게 하니"라고 말씀하고 있습니다. 고린도전서에서는 고린도 교회의 여러 가지 문제를 다루고 있습니다. 그 문제들이 해결된 후, 사도 바울은 고린도후서를 통해 고린도 교인들에게 다양한 영적 주제들을 다루면서 영적 전투를 말합니다. 그런데 영적 전투의 핵심은, 모든 생각을 사로잡아서 그리스도에게 복종하게 하는 것이라고 이야기하고 있습니다.

이제까지 나를 지배하고 있는 이론들은, 하나님을 아는 것을 대적하여 높아진 이론들입니다. 그런 이론들은 하나님을 대적하는 이론들 이기 때문에, 하나님께 순종하지 못하도록합니다. 그렇기에 사도 바울은 그리스도인들이 이 생각과 싸워야 한다고 하는 것입니다. 하나님 아는 것을 대적하여 높아진 모든 잘못된 이론들을,

하나님의 능력 안에서 무너뜨려야 합니다. 생각이 얼마나 무서운지 알 수 있는 사례 가운데, 자살 테러를 하는 사람의 예가 있습니다. 생명은 너무나 귀중한 것인데, 그들은 왜 자살 테러를 하는 것일까요? 그들 나름대로 그들을 움직이게 만드는 이론이 있기 때문입니다. 그 이론이 그들로 하여금 그런 생각을 하게 만들고, 그 생각대로 행동하게 만드는 것입니다. 내 안에도 그와 같이 잘못된 이론에 잡혀 있는 부분이 있을 수 있습니다.

그래서 사도 바울은 이야기합니다. 우리들의 잘못된 모든 생각을 다 그리스도께 복종해야 한다고 말입니다. 또한, 잘못된 이론을 무너뜨려야 합니다. 그런데 놀라운 사실은 이미 사탄이 잘못된 이론과 생각을 가지고 들어와서 진을 치고 있다는 것입니다. 그리고 그것이 오래되면, 견고한 진이 됩니다. 이것을 무너뜨리는 것은 성령의 능력밖에 없습니다. 빨리 회개하고 고치지 않으면, 오래 남아서 견고한 진이 됩니다. 이렇게 견고한 진이 되면, 내 힘으로는 도저히 무너뜨릴 수 없다고 생각하기에, 이 이론을 무너뜨리려는 노력을 포기하게 됩니다. 그런데 그 견고한 진을 무너뜨리는 것이 성령의 역사입니다. 이러한 견고한 진을 무너뜨리기 위해서 하나님은 그들이 긴장을 늦추지 않고 하나님만 바라보고, 그 땅의 잘못된 사상들로 훈련이 흐트러지지 않게 하시려고 가나안 땅에 들어가 싸우라고 하시는 것입니다.

견고한 진과 싸우기

가룟 유다는 왜 예수님을 팔았을까요? 요한복음 13장 2절을 보니, 사탄이 예수님을 팔 생각을 넣었다고 합니다. 유다는 사탄이 넣어준 생각대로, 결국 예수님을 팔아넘기는 행동을 한 것입니다. 마음이 바뀌었어도, 아직 정리해야 할 것이 남아 있는데, 그것은 생각입니다. 생각이 바뀌지 않으면, 다시 넘어질 수 있습니다. 다시 실패할 수 있습니다. 그렇기에 하나님께서는 가나안 땅에 들어가서 생각을 바꾸는 훈련을 하셨습니다. 그것이 바뀌지 않으면, 은혜 있을 때는 하나님이 원하시는 대로 순종하는 것 같지만, 어느 순간 자신의 생각대로 행동하여 아이 성 전투에 나갔다가 패배하는 경험을 하게 됩니다. 사탄이 넣어 준 생각대로 예수님까지 팔아넘기게 됩니다.

누구나 오래된 견고한 진이 있습니다. 아킬레스건과 같은 부분이 있습니다. "우리 집은 대대로 머리가 나빴어." 그렇다고 하나님께서 나를 통해 창의적인 일을 하지 못하실까요? 그것은 내 생각입니다. "우리 집은 대대로 고혈압이야. 그래서 다 일찍 돌아가셨어. 나도 일찍 죽을 거야." 그런 생각에 사로잡혀 있는데 일찍 안 죽겠습니까? 내 안에 이렇게 오래되고 견고한 생각이 있을 수 있습니다. 예수를 믿으면서도, 이 부분만큼은 절대 안 된다고 생각하는 영역이 있을 수 있습니다. 아주 오래되어서 견고한 진이 되어버린 잘못된 사상들이 있습니다.

그러나 아무리 오래되었어도, 성령의 능력 안에서 다 무너질 수 있습니다. 예수님은 12년 동안이나 혈루증을 앓던 여인도, 38년이나 된 병자도 고치셨습니다. 12년, 38년이나 되면, 이제는 삶으로 자리 잡은 일상의 일이 됩니다. 그러나 예수 안에서 고쳐지지 않을 질병이 없습니다. 예수님은 단번에 그 사람들을 치유하셨습니다. 그러나 내 안에 견고한 진으로 자리 잡은 생각들은 예수님의 치유를 막고 있습니다. '우리 교회는 안 돼! 나는 하나님의 뜻을 이룰 수 없어!' 이 모든 것이 잘못된 생각과 잘못된 이론에 사로잡혀 있는 것입니다. 성령께 구하십시오. 성령의 역사 안에서 견고한 진이 무너지도록 기도해야 합니다.

은혜가 충만하다가도 아킬레스건과 같은 부분을 건드리면 화를 내거나 돌변하는 사람들이 있습니다. 은혜 가운데 잘 싸우면서 나가다가도 아킬레스 부분을 건드리면 무너지는 경우가 있습니다. 예수를 믿는다고 하더라도 완벽하지 않기 때문에, 그런 순간이 올 수 있습니다. 그때 얼른 무릎을 꿇어야 합니다. 저도 아직 연약한 모습들이 많이 있습니다. 그래서 십자가를 전하기 어려울 때도 있습니다. 그런데도 십자가를 전하는 자로써, 차이가 있다면, 잘못한 것을 깨닫고 무릎 꿇는 속도가 빠르다는 것입니다. 하나님 앞에 엎드리는 속도가 빠릅니다. 성령께서 책망하시는 음성을 듣게 되면, 금방 돌이키는 것입니다. 다 알고 십자가를 전하는 것은 아니지만, 전한 대로 살려고 노력하며, 혹시 잘못된 부분을 성령께서 지적하시면 곧바로 주님께 엎드립니다. 그래서 오늘도 십자가 복음을 두려운 마음을 전하고 있습니다.

마음의 훈련에서 생각의 훈련으로

마음이 새롭게 되는 훈련을 받았다면, 이제는 생각의 훈련을 받아야 합니다. 롯에 대해 이미 언급했지만, 롯은 의인이라고 불렸습니다. 삼촌 아브라함과 같이 고향을 떠나고 가족을 떠나 광야를 지난 끝에 가나안 땅에 들어왔습니다. 그러니 광야에서 마음 훈련을 받은 사람이라고 할 수 있을 것입니다. 그런데 소돔과 고모라에 들어가서 살다 보니, 보이는 것들이 온통 세상적인 것이었습니다. 그 속에서 세상적인 생각에 물들고, 세상적인 이론에 설득당하다 보니, 세상을 변화시키기는커녕, 자기 자신과 가족도 겨우 구원받는 사람이 되었습니다. 그래서 생각과 습관을 하나님이 원하시는 생각과 습관으로 바꿔 가는 훈련이 중요합니다.

　육신에 속하였던 생각들과 이론들에서 벗어나기 위해서, 하나님은 성령의 법을 우리 마음에 두며 생각에 기록하시겠다고 말씀하셨습니다. 히브리서 10장 16절에 보면, "주께서 이르시되 그날 후로는 그들과 맺을 언약이 이것이라 하시고 내 법을 그들의 마음에 두고 그들의 생각에 기록하리라"라고 말씀하고 있습니다. 그들과 맺을 언약, 즉 새 언약을 그들의 마음에 두고 그들의 생각에 기록하리라고 말씀하시는 것입니다. 예레미야와 에스겔에서는 마음에 새겨 주신다고 하셨는데, 히브리서에서는 마음만이 아니라, 생각에도 기록해 주시겠다는 것입니다. 히브리서 8장 10절에 보면 "또 주께서 이르시되 그날 후에 내가 이스라엘 집과 맺을 언약은 이것이니 내 법을 그들의 생각에 두고 그들의 마음에 이것을 기록하리라 나는 그들에게 하나님이 되고 그들은 내게 백성이 되리라"고 말씀하고 있습니다. 히브리서 10장의 말씀과 순서만 다르지 마음과 생각, 생각과 마음에 기록하겠다는 말씀이 계속해서 언급됩니다. 우리의 마음을 통제하고 영향을 끼치는 생각들을 하나님은 훈련하기 원하십니다.

　인간이 타락할 때 뱀의 유혹을 받았습니다. 창세기 3장에서 뱀이 인간을 유혹하는 장면을 보면, 뱀은 하나님이 먹지 말라고 한 열매를 쳐다보게 하고 생각하게 만듭니다. 뱀이 하와에게 하나님께서 동산 모든 나무의 열매를 먹지 말라고 하셨는지 물어봅니다. 그 질문에 하와는 생각했을 것입니다. '동산의 모든 나무의 열매를 먹으라고 하셨지만 동산 중앙에 있는 나무의 열매는 왜 먹지 말라고 하셨지?' 처음에 아담과 하와는 동산 중앙에 있는 나무의 열매를 먹지 말라고 하신 하나님의 명령에 어떠한 불만도 없었습니다. 어떠한 의아심도 갖고 있지 않았습니다. 그런데 뱀의 질문에 하와는 생각하게 된 것입니다. 이것이 유혹에 걸리는 순간입니다.

뱀의 질문에, 하와는 하나님께서 동산 중앙에 있는 나무 열매는 먹지도 말고 만지지도 말라고 하셨다고 대답합니다. 그러나 하나님은 만지지도 말라고 한 적은 없습니다. 만지지도 말라는 것은 하와의 대답이었습니다. 이 말에서 하와의 불만을 엿볼 수 있습니다. 생각이 바뀌자, 불만이 표현되어 나온 것입니다. 그 틈을 놓치지 않고, 사탄은 뱀의 입을 빌려 자기의 이론을 이야기합니다. '그 열매를 따 먹어도 결코 죽지 않아! 오히려 눈이 밝아져서 하나님처럼 된다구!' 이렇게 사탄이 자기의 이론을 집어넣자, 안 그래도 의구심이 일어났던 생각이 사탄의 말대로 바뀌게 되는 것입니다. 생각이 바뀌자, 동산 중앙에 있는 나무의 열매가 아주 먹음직하고, 보암직하고, 지혜롭게 할 만큼 탐스럽게 보였던 것입니다. 그래서 그 열매를 따 먹게 됩니다. 이것이 죄입니다. 죄의 시작입니다.

이처럼 사탄은 우리의 생각을 삐뚤어지도록 유혹합니다. 생각이 삐뚤어지기 시작하고, 잘못된 이론이 들어올 때, 그 이론을 잘라내지 못하고 받아들이면, 그리고 받아들인 이론을 생각하게 되면, 마음으로 결단을 하게 되고, 죄를 짓게 됩니다. 이렇게 볼 때, 사탄의 권세를 무너뜨리려면, 그 나라의 기초 된 거짓된 생각과 이론들을 무너뜨려야 합니다. 그렇기에 생각에 영향을 줄 수 있는 것들을 분별해 내는 훈련을 받아야 합니다. 잘못된 생각들과 이론들을 분별할 수 있는 훈련을 해야 합니다. 인간에겐 연약함이 있습니다. 연약함이 있는데, 계속 가요를 들으면서 그 가사를 묵상하게 되면, 가사에 영향을 받게 됩니다. 노랫말대로 살아가게 되는 것입니다. 가요가 전부 나쁘다는 것은 아닙니다. 저도 '불후의 명곡'이라는 프로그램을 자주 즐겨 봅니다. 가수들이 노래 한 곡을 부르기 위해 온 정성을 다해 노력하는 것을 보면서, 설교하는 목사가 가수들보다 더 열심히 말씀을 준비해야 하지 않을까 생각도 합니다. 그러나 세상적인 가사를 계속 묵상하다 보면, 세상적인 이론에 지배를 당하게 됩니다.

말씀과 기도로 채우십시오

하나님께서 기뻐하지 않는 세상의 사상들, 이론들을, 성령이 말씀하시는 대로 끊어내지 못하고 계속 가까이 두면, 생각이 영향을 받습니다. 그리고 생각의 변화는 마음과 연결이 됩니다. 그리고 마음의 연결은 잘못된 행동으로 이어집니다. 그렇기에 생각의 훈련은 너무나도 중요합니다. 교회에서 왜 큐티를 강조할까요? 신앙생활에서 큐티가 왜 중요한 이유는 바로 큐티는 생각을 바꾸는 훈련이기 때문입니다. 사람은 본 것을 생각합니다. 들은 것을 생각합니다. 말하는 것을 생각합니다. 성령 충만하다가도 세상의 이론들을 보고 듣고 이야기를 나누다 보면, 생각이 바뀌고 마음이 바뀌는 것입니다. 그런데 아침 일찍 일어나서 제일 먼저 성경 보고 기도하면서, 생각과 마음을 말씀으로 무장할 수 있습니다. 이것이 큐티입니다. 성경 말씀을 읽고 묵상하면, 생각이 말씀에 지배를 받게 됩니다. 그리고 우리의 마음이 하나님의 말씀으로 인도를 받게 됩니다.

왜 성경 말씀을 읽고 묵상하는 것을 성령께서 기뻐하실까요? 당연히 말씀을 읽고 묵상하는 것은 성령께서 기뻐하시는 일입니다. 그런데 생각의 훈련 차원에서 이야기하자면, 말씀을 읽고 묵상한다는 것은, 결국 생각을 하나님께 집중하는 것이기 때문에 성령께서 기뻐하시는 것입니다. 생각을 하나님께 집중하다 보면, 생각이 온전히 하나님의 말씀으로 채워지기 때문에 하나님의 말씀대로 살아갈 수 있게 됩니다. 자신의 연약함을 알면서도 성경을 읽지 않으면 어떻게 될까요? 자신의 연약함을 알면서도 기도하지 않는다면 어떻게 될까요? 그것은 그리스도인의 정체성을 가지고 있지만, 하나님의 말씀이 아닌 세상적인 방법대로 살아가게 됩니다.

기도는 객관적인 하나님의 말씀을 주관적인 나의 말씀이 되도록 만드는 통로입니다. '항상 기뻐하라. 쉬지 말고 기도하라. 범사에 감사하라' 말씀을 읽는 것은 객관적으로 읽는 것입니다. 그런데 이 말씀 자신에게 적용되어서 말씀대로 살게 해 주는 통로가 기도입니다. 말씀 읽고 기도하는 일들을 지속하게 되면, 생각이 하나님에 관한 생각으로 채워집니다. 하나님이 기뻐하시는 생각으로 가득 채워지는 것입니다. 그래서 의식하지 않아도 찬양이 나오게 됩니다. 순간순간 하나님의 말씀이 튀어나와 하나님의 기준대로 살게 됩니다. 그러므로 지속적으로 성경을 읽고 묵상하시는 분들은 늘 성령 충만하게 살아갈 수 있습니다.

영혼이 답답하다거나 갈급함이 느껴질 때가 있습니다. 그러한 영혼의 탄식이 느껴질 때 어떻게 하십니까? 이렇게 영혼의 갈급함이 있을 때는 찬양이라도 틀어놓아야 합니다. 찬양을 들으면, 무의식 중이라도 하나님을 한 번 더 생각하게 되고 하나님이 기뻐하시는 생각을 하게 되기 때문입니다. 그것이 나를 지배하면서 마음이 평안해질 수 있습니다. 그런데 어떤 사람이 성령 충만하다고 하면서도 세상적인 노래들을 계속 듣게 된다면, 성령 충만하다는 인식은 있어도, 입에서 나오는 것은 세상적인 말과 행동이 될 수 있습니다. 예수를 믿는다고 하면서도, 세상 사람과 다를 바 없는 삶을 살 수 있습니다.

그리스도인이 성경을 읽고 기도하고 찬양해야 하는 이유는, 결국 마음과 생각의 문제라고 할 수 있습니다. 우리의 생각을 하나님이 원하시는 생각과 사상으로 바꿔가야 합니다. 하나님이 원하시는 모든 이론이 어디에 있습니까? 바로 성경 말씀에 담겨 있습니다. 그래서 그 말씀을 지속적으로 읽고, 지속적으로 묵상하고, 지속적으로 기도해야 합니다. 하나님을 예배하고 찬양해야 합니다. 이러한 시간을 통해 하나님은 생각과 마음을 지키시는 것입니다. 잠언 4장 23절을 보면 "모든 지킬 만한 것 중에 더욱 네 마음을 지키라 생명의 근원이 이에서 남이니라"라고 말씀하고 있습니다. 마음을 지키라는 명령은 피상적인 말씀도 아니고, 지키기 어려울 정도로 힘든 명령도 아닙니다. 마음을 지키는 훈련 중에 가장 중요한 것은 생각을 지키는 것입니다. 생각이 하나님의 말씀으로 가득 찰 수 있도록 말씀을 읽고 묵상하고 기도해야 합니다.

9장. 새 마음의 창조를 위한 성령의 역사

우리의 생각이 하나님에 관한 생각으로 가득 채워질 수 있도록 도와달라고 기도해야 합니다. 진리의 영이신 성령께서 오시면 모든 것을 가르치시고 생각나게 하시고 인도해 주신다고 하셨으니, 그 말씀대로 이루어달라고 기도해야 합니다. 그때 정한 마음이 변하지 않고 지속적으로 유지될 수 있고, 그렇게 유지되다 보면 결국은 삶의 모습으로 굳어지는 것입니다. 한 번 성령 충만 받는 것은 누구나 있을 수 있습니다. 그러나 지속적으로 성령 충만함을 유지하는 것은 다릅니다. 중요한 것은 지속적으로 성령 충만을 유지하는 것입니다. 늘 성령 충만한 삶을 살기 위해서는, 우리의 생각과 마음을 지킬 수 있도록 성령께 구하면서 말씀을 가까이해야 합니다.

새 사람을 입으라

1960년대 후반 미국 서부 일대에 '예수 운동(Jesus Movement)'이라는 성령 운동이 크게 일어났습니다. 척 스미스 목사는 갈보리 채플에서 사역하면서 '신은 죽었다'고 외치며 교회를 나가는 히피 젊은이들에게 다가가 술과 마약에 빠진 그들을 전도하여 다시 교회로 돌아올 수 있도록 도와주었습니다. 그때 돌아온 히피들을 '지저스 피플(Jesus People)'이라고 불렀습니다. 록 음악(Rock Music)에 젖어 있던 그들은 예수님을 영접하고 방탕한 길에서 돌이켜 새로운 삶을 살기 시작했습니다. 그러나 그들 가운데 일부는 결국 옛날의 방탕한 생활로 돌아가 버렸습니다. 그 이유는 옛 생활에서 즐기던 것들을 버리지 못하고 그들의 생각과 그들의 습관을 바꾸지 못했기 때문입니다.

한순간은 성령의 역사 가운데 은혜도 받고 은사도 경험할 수 있습니다. 그러나 그것이 인생을 완전히 바꾸어 놓지는 못합니다. 성령이 지배하시고 성령이 통치하시는 삶이 지속되기 위해서는 생각을 통해 마음을 바꿔야 합니다. 생각을 통해 나를 지배하던 이론들을 바꾸고, 습관을 바꾸고, 마음을 바꾸어 가야 합니다. 에베소서 4장 22-24절을 보면 "너희는 유혹의 욕심을 따라 썩어져 가는 구습을 따르는 옛사람을 벗어 버리고 오직 너희의 심령이 새롭게 되어 하나님을 따라 의와 진리의 거룩함으로 지으심을 받은 새사람을 입으라"고 말씀하고 있습니다. 사도 바울은 옛사람을 벗어 버리고 새사람을 입으라고 하면서, 그 방법을 설명해 줍니다. 그 방법은 심령이 새롭게 되는 것입니다. 심령이라는 것은 "마음과 영"입니다. 원어로는 생각의 영에서 새롭게 된다고 해석할 수 있습니다.

성령을 호칭하는 명칭들이 많이 있습니다. '지혜의 영', '지식의 영', '회개의 영', '양자의 영' 등, 이 호칭들은 성령의 역할을 말하는 것입니다. 성령께서 하시는 일들입니다. 성령께서 회개하도록 만드시면 회개의 영으로 작용하는 것이지, 다른 영이 따로 있는 것이 아닙니다. 따라서 생각의 영에서 새롭게 된다는 것은, 생각의 영이라는 다른 영이 있는 것이 아니라 성령을 지칭하는 것입니다. 그래서 이제까지 우리의 생각이 세상적인 것들에 젖어 있었다면, 이제는 성령 안에서 새롭게 해석해야 합니다. 잘못된 우리의 생각이 하나님의 영 안에서 새롭게 되는 것입니다. 그때 옛사람을 벗어버리고 새사람이 될 수 있는 것입니다.

성령 안에서 보는 눈이 달라져야 합니다. 생각을 달리해야 한다는 것입니다. 이것이 중요합니다. 하나님이 주시는 생각으로, 하나님 주시는 방식으로, 하나님의 기준으로 사람을 보고 세상을 보고 해석하는 것입니다. 내가 생각할 때는 망할 것 같고, 내가 생각할 때는 잘못된 것 같고, 내가 생각할 때는 저 사람이 문제라고 할 수 있습니다. 그런데 하나님의 시각으로 보면, 전혀 다르게 해석될 수 있습니다. 잘못된 이론은 우리의 마음을 망가뜨리고, 망가진 마음은 하나님께 불순종하게 만듭니다. 그래서 성령의 도우심이 중요합니다.

하나님은 상하고 아픈 기억들, 열등감과 실패의 기억들, 정죄감과 쓴 뿌리들로부터 우리를 해방하시기 원하십니다. 어떻게 해방하기 원하실까요? 그 기억을 그냥 잊어버리라고 하지 않습니다. 잊어도 다시 생각날 수 있기 때문입니다. 하나님은 우리를 묶고 있는 기억에서 새롭게 하는 방법으로 해방시키기 원하십니다(엡 4:22-24). 이 말씀은 그리스도인들에게 참된 변화를 가져다주는 핵심적인 원리입니다. "옛사람을 벗어버리고", "새사람을 입으라"는 두 구절 사이에서 전환점이 되는 구절은 바로 "심령이 새롭게 되어"라는 것입니다. 원어로는 "생각의 영에서 새롭게 되어"라고 번역할 수 있다고 했습니다. 전에 일어났던 일들이 기억날 수 있습니다. 그런데 그것을 어떻게 생각하느냐가 중요합니다. 억울한 마음으로, 부정적인 마음으로, 미워하고 아파하는 마음으로 생각했다면, 이제는 성령께서 주시는 용서의 마음으로 바라봐야 합니다. 이렇게 성령의 도우심으로 우리의 생각이 새롭게 될 때, 가나안 전투에서 승리할 수 있습니다.

10장
십자가와 성령 충만

그날에는 내가 아버지 안에, 너희가 내 안에, 내가 너희 안에 있는 것을 너희가 알리라(요 14:20)

'성령 충만'이 무엇이라고 생각하세요? 말 그대로 성령으로 가득 채워지는 것을 의미합니다. 십자가를 통해 내려놓는 일들이 반복적으로 일어날 때, 우리의 비워진 마음에는 성령으로 가득 채워지는 역사가 일어납니다. 그런데 이러한 '성령 충만'과 '성령 세례'를 구분하기 어려운 부분이 있습니다. 교단마다 다른 의미로 사용하기도 하고, 또는 같은 의미로 사용하기도 하기 때문입니다. 이러한 '성령 세례'와 '성령 충만'을 세례의 의미에 비추어 설명한다면, '성령 세례'는 성령의 지배와 통치를 경험한 시점을 이야기하는 것이고, '성령 충만'은 그 후 지속적인 십자가의 비움을 통하여 성령께서 온전

히 나를 지배하고 통치하시는 상태를 의미한다고 볼 수 있습니다. 누구나 한 번은 성령의 온전한 통치와 지배를 신앙생활에서 경험할 수 있지만, 그러한 성령 충만이 지속되면 완전히 성령으로 가득 채워지는 성령 충만을 경험해야 합니다.

성령의 강력한 임재가 있을 때, 기대하지 못했던 여러 가지 현상들이 일어납니다. 많은 사람은 그러한 현상들을 보면서 성령 충만을 경험했다고 생각하기도 합니다. 하지만 성령께서 우리 안에서 10%만 능력을 발휘해도, 매우 초월적이고 신비한 일이 나타납니다. 알지 못하는 세계가 경험되는 것입니다. 우리는 이러한 상황을 성령 충만이라고 표현할 수 있습니다. 성령을 통하여 한 번도 경험하지 못한 일들을 경험하였기 때문입니다. 그러므로 내 안에 성령으로 가득 채워지지 않았다 하더라도, 놀라운 성령의 역사를 경험할 수 있습니다. 이러한 현상을 성령 충만이라고 부를 수도 있습니다. 그러나 진정한 성령 충만은 나를 온전히 비워 성령으로 가득 채우는 것입니다. 비워져야 온전히 채워집니다. 그러나 성령 충만은 한 번 받고 끝나는 것이 아니라, 지속적으로 유지해야 합니다. 한 번 성령 충만을 받았다 하더라도, 성령 충만이 지속되지 못한다면 또다시 넘어질 수 있기 때문입니다. 이렇게 본다면, 내 삶이 성령으로 가득 채워지지 않았더라도, 성령의 놀라운 역사를 경험하면서 성령 충만을 받았다고 말할 수 있겠지만, 그러한 성령 충만을 지속적으로 유지하면서 마음이 완전히 비워지고 진정 성령으로 가득 채워지는 것이 더욱 중요하다고 할 수 있습니다. 그러므로 무엇이 진정으로 성령 충만한 상태인가를 논의하기보다는, 성령의 강권적인 임재와 지배를 경험하고 그것을 유지하는 것이 더 중요하고, 그렇게 할 수 있을 때, 진정한 성령 충만을 경험하고 열매가 맺힐 수 있습니다.

성령 충만을 유지하면서 성령으로 가득 채워지기 위해서는, 연료가 계속 공급되어야 합니다. 타오르는 불을 꺼뜨리는 방법은 두 가지인데, 타오르는 불에 물을 끼얹든지 아니면 연료를 제공해 주지 않으면 불은 꺼지게 되어 있습니다. 나름대로 성령 충만을 경험했다고 하지만, 성령께서 기뻐하지 않는 세상적인 일들을 하게 되면, 그것은 물을 끼얹는 것과 같은 일이 됩니다. 이렇게 되면 성령의 불길이 타오르다가도 줄어들 수 있고, 심지어 꺼질 수도 있습니다. 또는 지속적으로 연료를 공급하지 않게 되면 불이 꺼지는 것처럼, 하나님께서 기뻐하시는 일을 하면서 연료를 계속 공급하지 않으면 성령 충만의 상태가 유지될 수 없습니다. 그렇기에 세상적인 일들을 끊어버리고, 말씀을 묵상하고 기도하면서 하나님이 기뻐하시는 일들을 행할 때, 지속적으로 성령 충만한 삶을 살 수 있게 됩니다.

이것을 십자가와 연결시켜 설명하자면 다음과 같습니다. 그리스도인이라면 날마다 십자가 앞에 나가야 합니다. 날마다 십자가 앞에서 죄지은 것을 주님 앞에 내려놓고, 죄지은 것을 십자가 못 박아, 내 안에 있는 모든 죄악을 비워내야 합니다. 그렇게 나의 죄 된 모습들을 십자가에 못 박으며 비워낼 때, 비워진 만큼 성령께서 채워 나가십니다. 그리고 그 과정이 지속될 때, 내 안의 죄 된 자아가 다 비워진 후, 성령으로 가득 채워지는 성령 충만을 경험할 수 있습니다. 그런데 성령께서 내 안에 50%만 채워져도, 그 자체가 너무 위대한 상황이기 때문에 성령 충만이라고 느낄 수 있습니다. 물론 이러한 경험도 성령 충만이라고 할 수 있다고 언급했습니다. 그러나 중요한 것은 지속적으로 성령 충만을 경험해 나가는 것입니다.

아날로그 라디오 주파수를 맞추려고 채널을 돌릴 때, '지지직' 소리가 나면서 방송 소리가 들립니다. 그러다가 주파수가 정확하게 맞으면, 방송하는 소리가 명확하게 들립니다. 이처럼, 명확하게 성령의 사역을 인식하지 못해도, '이것이 성령의 인도하심 같아!', '성령이 이렇게 역사하시는 것 같아!' 이렇게 느껴지는 것도 성령의 역사일 수 있습니다. 그런데 진정한 회개함으로 나갈 때는, 더욱 강력한 성령의 역사와 임재가 있습니다. 또한, 성령의 강력한 역사가 있을 때는, 내 안에 있는 죄 된 것들이 다 비워지지 않았다고 해도, 성령으로 완전히 압도당할 때가 있을 수 있습니다. 그 자체가 성령 충만이라고 볼 수 있는 것이지요. 그러나 언제든지 다시 죄를 지을 수 있기에, 날마다 십자가 앞에 나가 연약함과 죄악 된 모습을 십자가에 못 박고, 그때마다 내 안의 연약함을 비우며, 성령으로 채워지는 성령 충만을 경험하는 것이 중요합니다.

이미 죽은 자로 여기라

로마서 6장에서 사도 바울은 세례받았을 때 이미 죄에 대해서 죽은 자라고 말합니다. "무릇 그리스도 예수와 합하여 세례를 받은 우리는 그의 죽으심과 합하여 세례를 받은 줄을 알지 못하느냐 그러므로 우리가 그의 죽으심과 합하여 세례를 받음으로 그와 함께 장사되었나니 이는 아버지의 영광으로 말미암아 그리스도를 죽은 자 가운데서 살리심과 같이 우리로 또한 새 생명 가운데서 행하게 하려 함이라"(롬 6:3-4). 그렇기에 사도 바울은 믿는 자들은 스스로를 죄에 대해서 죽은 자로 여겨야 한다고 말씀하십니다. "이와 같이 너희도 너희 자신을 죄에 대하여는 죽은 자요 그리스도 예수 안에서 하나님께 대하여는 살아 있는 자로 여길지어다"(롬 6:11).

예수께서 이 땅에 오셔서 십자가에서 죽어야 우리가 구원을 받을 수 있었습니다. 자신을 희생 제물로 하나님께 드리셔야 우리가 구원을 받을 수 있는 것입니다. 그래서 예수께서는 십자가에 못 박혀 죽으셨습니다. 그런데 십자가에 못 박힌 죄수는 금방 죽지 않습니다. 심지어는 이틀이 가기도 하고, 삼 일이 가기도 합니다. 사람들은 십자가에 못 박힌 예수님을 보고, 조롱하기도 했습니다. 자기 자신을 먼저 구원해 보라고 조롱한 것입니다. 그런데 십자가에 못 박힌 예수께서는 십자가에서 금방 죽으신 것이 아니기 때문에 그 소리를 다 들어야만 했습니다. 그 소리를 들으면서, 사실은 십자가에서 내려올 능력이 있었지만, 그렇게 하지 않으셨습니다. 예수님은 십자가에 못 박혔기 때문에, 이미 자신을 죽은 자로 여기시고 십자가에서 내려오지 않으셨습니다. 이것이 사도 바울이 말한 우리 자신을 죽은 자로 여기라는 말의 의미입니다. 이러한 예수님의 모습이 우리가 따라가야 할 모형이 됩니다.

그리스도인들이 반드시 깨달아야 할 것이 있습니다. 예수님을 영접하고 세례를 받았을 때, 예수님과 함께 십자가에 못 박힌 자라는 사실입니다. 예수 믿는 사람은 이미 십자가에서 죽은 자입니다. 그렇기에 그리스도인은 이미 죽은 자로 여기며 살아야 합니다. 그런데 아직 생명이 남아 있기에, 자꾸 옆에서 '네가 언제부터 그렇게 살았냐!'면서 조롱하는 소리를 듣게 됩니다. 그리고 그 소리에 반응하게 됩니다. 그러나 자꾸 내려와 보라고 조롱하는 소리가 들릴 때 그 소리를 듣고 십자가에서 내려가면 안 됩니다. 이미 자신은 십자가에서 죽은 자로 여기면서, 그 소리에 반응하지 않아야 합니다. 그것이 사도 바울이 로마서 6장에서 이야기하는 내용입니다.

날마다 십자가에 앞에 나아가 죄를 못 박으라는 것을 다른 말로 하면, 날마다 죄에 대해 죽은 자로 여기는 것이라고 할 수 있습니다. 이미 십자가에서 못 박혀 죽었는데, 왜 다시 못 박으라고 하는 것일까요? 그것은 십자가에 못 박혔어도 아직 숨이 완전히 끊어지지 않은 상태이기 때문입니다. 꽃을 꺾으면, 그 꽃은 이미 뿌리로부터 끊어졌기에 죽었다고 할 수 있습니다. 그러나 아직은 생명이 남아 있어서, 한참 동안은 꽃을 피우기도 합니다. 이렇게 아직 생명이 남아 있기에, 자신이 죽었다고 생각하지 못합니다. 그래서 사도 바울은 이미 죽은 것으로 여겨야 한다고 말씀하고 있습니다. 아직 숨을 쉬고 있기에, 아직 꽃을 피우고 있기에, 살아 있는 것 같지만, 실상은 죽은 것입니다. 그런데 죽었다고 인식을 하지 못하기 때문에 자꾸 죄에 대해 반응하게 됩니다. 그렇기에 이미 십자가에서 죽었다는 사실을 다시 지적으로 인식하고, 감정적으로 받아들이고, 그리고 의지적으로 행동해야 합니다.

아직 생명이 붙어 있어서, 자꾸 주변에서 비아냥거리는 소리를 들을 수 있습니다. 그때 우리가 해야 할 것이 있습니다. 그것은 나는 이미 죽은 자로 여기는 것입니다. 내가 이미 죽었다는 사실을 되새기고, 죽은 자로서 행동해야 합니다. 그런데 죄에 대해 죽은 자로 여긴다 하더라도, 다시 죄를 지을 수 있습니다. 왜냐하면, 24시간 죄에 대해 죽은 자라는 인식을 계속 가지고 있을 수는 없기 때문입니다. 죄에 대해 죽은 자라는 인식을 하고 있다 하더라도, 순간순간 잊어버릴 그때 사탄이 틈을 타 죄를 짓게 만들 수 있습니다. 그때는, 지은 죄를 가지고 십자가 앞으로 가져가서 죄를 내려놓으면, 예수님께서 보혈로 씻어 주실 것입니다. 이렇게 죄를 십자가 앞에 가져가는 것 자체가, 자신을 이미 죽은 자라고 인식하는 행동이라고 할 수 있습니다. 그렇기에 혹시 이미 죽은 자라는 인식을 놓치고 살아 있는 자로 행동했다고 하더라도, 십자가 앞에 나가 '마치 내가 살아 있는 자처럼 행동했습니다. 그러나 다시 죽은 자로 여기겠습니다.'라고 회개하는 것이 중요합니다.

허물과 죄악

이사야 53장 5절을 보면 "그가 찔림은 우리의 허물 때문이요 그가 상함은 우리의 죄악 때문이라 그가 징계를 받으므로 우리는 평화를 누리고 그가 채찍에 맞으므로 우리는 나음을 받았도다"라고 기록하고 있습니다. 우리의 허물과 죄악 때문에 예수께서 십자가에서 죽으셨다는 것입니다. 여기서 이사야는, 예수께서 십자가에서 짊어지신 우리의 죄를 '허물과 죄악'으로 나눠서 표현하고 있습니다. 이렇게 표현한 이유는 '허물'은 우리가 날마다 짓는 자범죄를 의미하는 것이고, '죄악'은 우리가 날마다 죄를 짓도록 만드는 근본적인 죄의 본성을 이야기하는 것이기 때문입니다. 예수님은 십자가에서 우리가 날마다 짓는 죄와, 그리고 죄를 짓도록 만드는 뿌리인 죄의 본성까지 다 짊어지시고 죽으셨습니다.

우리가 아무리 죄에 대해 죽은 자로 여기고 산다고 하더라도, 우리의 연약함 때문에, 또한 우리 안에 죄의 본성이 남아 있어서, 자꾸 죄에 넘어지게 만들 수 있습니다. 그러나 우리가 매 순간 다시 죄에 대해 죽은 자로 여기면서, 우리의 죄를 십자가 앞에 가지고 나가서 다시 못 박을 때, 우리의 허물뿐만 아니라, 우리의 죄악까지도 십자가에서 해결할 수 있게 됩니다. 이렇게 반복해서 십자가에 못 박고, 십자가에서 죽은 자로 여기게 되면, 진짜로 죽게 됩니다. 완전히 숨이 끊어지게 됩니다. 그런데 진짜로 죽게 되면, 예수님의 부활에 연합한 자가 되게 하십니다. 죽는 순간 부활을 경험하게 되는 것입니다. 그렇기에 죽는 것을 두려워하지 말아야 합니다. 중요한 것은, 이미 죽은 자인데, 죽었다는 사실을 받아들이지 않기 때문에, 그것을 인식하지 못하기 때문에, 죽은 것으로 여기지 않기 때문에, 문제가 발생하는 것입니다. 그러므로 매번 십자가 앞으로 나가십시오! 그리고 내가 비워지고, 성령으로만 채워지는 진정한 성령의 충만을 경험하십시오! 이것을 가능하게 하시려고 예수께서 우리의 허물과 죄악 때문에 십자가에서 죽으셨습니다.

성령이여 우리를 예수께로

한 번 성령의 강력한 임재를 경험하고 놀라운 성령의 은사들이 나타난다고 해도, 성령의 열매가 금방 맺히지 않는 것을 볼 수 있습니다. 그런데 성경은 성령의 열매에 대해 말합니다. 갈라디아서 5장 11절에는 "오직 성령의 열매는 사랑과 희락과 화평과 오래 참음과 자비와 양선과 충성과 온유와 절제니 이 같은 것을 금지할 법이 없느니라"라고 말씀하고 있습니다. 이 열매들은 언제 맺히는 것일까요? 성령 충만을 경험했다고 하는데, 이러한 성령의 열매들을 맺지 못하는 이유는 무엇 때문일까요?

씨를 땅에 심자마자 열매를 얻을 수 없습니다. 싹이 나고 자라서 꽃이 피어야 열매가 맺힙니다. 이처럼 열매를 맺는 것은 일정한 기간이 필요합니다. 마찬가지로 성령의 열매도 성령의 지배가 지속적으로 이어질 때 열매를 맺을 수 있습니다. 그렇기에 성령과 동행하는 삶은 한순간이 아닌, 지속적으로 경험해야 합니다. 지속적으로 십자가 앞에 나아가 죄를 못 박고, 죄에 대해 죽은 자로 여기면서 자신을 비워 나갈 때, 그만큼 성령께서 내 안에서 충만하게 역사하실 수 있고, 십자가에서 죽은 만큼 부활을 경험하며 풍성한 열매를 맺기 시작하는 것입니다.

열매와 관련해서 예수께서는 그리스도인들이 예수님 안에 거하게 될 때 열매를 많이 맺을 것이라고 말씀하셨습니다. 요한복음 15장 7-8절을 보면, "너희가 내 안에 거하고 내 말이 너희 안에 거하면 무엇이든지 원하는 대로 구하라 그리하면 이루리라 너희가 열매를 많이 맺으면 내 아버지께서 영광을 받으실 것이요 너희는 내 제자가 되리라"고 말씀하고 있습니다. 이 말씀은 믿는 자들이 예수 안에 거할 때 많은 열매를 맺게 된다는 말씀입니다. 그렇다면 어떻게 하는 것이 예수님 안에 거하는 것이 될까요? 성령과 관련해서 예수께서는 이렇게 말씀하셨습니다. 요한복음 14장 16절에서 "내가 아버지께 구하겠으니 그가 또 다른 보혜사를 너희에게 주사 영원토록 너희와 함께 있게 하리니"라고 말씀하신 다음에 20절에서는 "그날에는 내가 아버지 안에, 너희가 내 안에, 내가 너희 안에 있는 것을 너희가 알리라"라고 말씀하셨습니다.

'그날'은 문맥상으로 성령이 오셨을 때라고 말할 수 있습니다. 성령께서 오시면 예수 안에 거할 수 있게 된다는 것입니다. 그런데 성령께서 오셨다고 다 예수 안에 거하게 되는 것은 아닙니다. 성령과 하나가 될 때 예수 안에 거하게 됩니다. 예수께서 말씀하신 '그날'은 이미 지나갔습니다. 이미 오순절 날 성령께서 오신 것입니다. 그러나 모든 그리스도인이 예수 안에 거하지는 못합니다. 왜 그럴까요? 그것은 성령과 하나가 되지 못했기 때문입니다. 하나가 된다는 것을 다른 말로 표현하면, 성령의 지배 가운데 성령과 하나가 되는 것이라고 할 수 있습니다. 한 번 성령 충만을 경험하는 것이 아니라, 성령의 지배를 지속해서 경험해 갈 때 성령과 하나가 된다는 것입니다.

그러므로 성령과 하나가 된다는 것은, 성령 충만의 최종 결과라고 볼 수 있습니다. 이렇게 성령과 하나가 되면, 예수께서 하나님 아버지 안에, 믿는 자들이 예수 안에, 예수께서 믿는 자 안에 거하시는 것을 알 수 있습니다. 이미 말씀드린 바와 같이 성령께서는 철저하게 예수님을 나타내시고, 예수님을 증거하시는 영이십니다. 성령의 가장 중요한 역할은 예수님을 드러내는 것입니다. 그렇기에 예수님을 사랑하고 예수님을 존귀하게 여길 때, 성령께서 역사하시는 것을 경험할 수 있습니다. 결국, 성령 충만하다는 것은 예수님을 알아가는 것이고, 예수님 안에 온전히 거하는 것이라고 할 수 있습니다.

예수여 우리를 아버지께로

믿는 자들이 예수 안에 거하기 위해서 지속적인 노력도 있어야겠지만, 근원적인 힘은 성령께 있습니다. 성령과 하나가 되면, 예수 안에 거하게 됩니다. 그리고 우리가 예수 안에 거할 때, 예수님은 우리를 하나님 아버지에게로 인도하십니다. 그것이 요한복음 14장 20절 말씀입니다. 많은 사람이 성령 충만을 경험하고, 성령의 능력들을 경험하고, 은사들을 경험하게 되면, 그것이 성령을 통해 경험할 수 있는 모든 것이라고 생각합니다. 그러나 요한복음 14장 20절은, 우리가 성령 충만할 때 성령은 우리를 예수께로 이끌고, 예수는 아버지와 하나가 되어 있기 때문에, 성령과 하나가 된 우리를 아버지께로 인도한다는 것입니다. 이 얼마나 위대한 진리입니까?

저는 1960년대 말에 태어났기 때문에, 그 이후의 시간들은 살아 보면서 알게 되었습니다. 그러나 그 이전의 일들은 역사로만 알 수 있습니다. 이처럼 우리가 태어나기 전의 일을 모르는 것처럼, 태초의 일은 알 수가 없습니다. 그런데 하나님 아버지와 하나가 되면, 태초의 일을 알 수 있습니다. 하나님과 하나가 되면, 하나님의 시각으로 이 땅을 바라볼 수 있고, 하나님의 마음으로 이 세상을 품을 수 있게 되는 것입니다. 그렇기에 태초부터 계신 하나님과 하나가 되면, 태초를 알 수 있게 됩니다. 창세기 1장 1절에서 말하는 태초와, 요한복음 1장 1절에서 말하는 태초는 그 의미가 조금 다릅니다. 창세기 1장의 태초는, 하나님이 세상을 창조하실 때의 태초입니다. 그런데 요한복음 1장의 태초는 세상을 창조하실 때보다 더 이전의 태초를 말하는 것입니다. 세상을 창조하실 때 시간이 창조되었기 때문에, 그 이전은 모두 태초라고 말할 수밖에 없습니다. 이렇듯 성경에서 태초를 말할 때, 그 시점이 다른 부분이 있다고 말할 수 있습니다. 우리가 태초를 모르기 때문에, 성경을 읽으며 '태초에 이런 일이 있었겠지' 하고 그냥 넘어갈 수밖에 없습니다. 그런데 성령 충만해서 예수님과 하나가 되면, 예수께서 하나님 아버지께로 인도해 주시고, 그렇게 하나님 아버지와 하나가 되면, 하나님 아버지 안에서 태초가 조금씩 이해되고 풀어지기 시작합니다. 성경을 보면, 예수님이 강조되고 성령님이 강조되어도, 궁극적으로는 그분은 우리를 하나님 아버지께로 인도합니다. 예수님과 성령님께서 궁극적으로 하시는 일은 우리를 아버지께로 인도하는 것입니다.

요한계시록을 보면, 어린양이신 예수님은 우리를 아버지께 인도하여 예배할 수 있도록 돕는 분이십니다. 물론 어린 양이신 예수님과 하나님 아버지께서 같이 계시지만, 영광 받으시고 예배 받으시는 분은 하나님 아버지이십니다.

"이 일 후에 내가 보니 각 나라와 족속과 백성과 방언에서 아무도 능히 셀 수 없는 큰 무리가 나와 흰옷을 입고 손에 종려 가지를 들고 보좌 앞과 어린 양 앞에 서서 큰소리로 외쳐 이르되 구원하심이 보좌에 앉으신 우리 하나님과 어린 양에게 있도다 하니 모든 천사가 보좌와 장로들과 네 생물의 주위에 서 있다가 보좌 앞에 엎드려 얼굴을 대고 하나님께 경배하여 이르되 아멘 찬송과 영광과 지혜와 감사와 존귀와 권능과 힘이 우리 하나님께 세세토록 있을지어다 아멘 하더라"(계 7:9-12)

그런데 기독교가 예수님과 성령님을 너무 강조하다 보니, 신앙의 대상이 되시고 궁극적인 목적지가 되신 하나님 아버지를 소홀하게 여긴 면이 있었다고 생각합니다. 하나님 아버지에 대해 얼마나 알고 있으신가요?

아버지에 대해 우리는 너무 잘 모르는 것 같습니다. 하나님 아버지 품에 안기면 하나님 아버지는 모든 것을 치유하시고 새롭게 하는데, 그 사실을 너무 모르는 것 같습니다. 성령 충만을 능력으로만 생각하지 않기를 바랍니다. 성령은 우리를 예수께로 이끌어 가시지만, 궁극적으로는 하나님 아버지께로 인도하는 분이십니다. 그 아버지께로 인도하셔서 아버지 품에 안겨서 태초를 보면서 전체를 볼 수 있도록 하십니다. 우리로 하여금 다시 영원한 상태로 되돌려 놓는 것입니다. '보혈을 지나'라는 찬양을 아실 것입니다. 이 찬양의 가사를 쓴 사람은 대단한 사람인 것 같습니다. 예수님께서 궁극적으로 우리를 인도하는 곳이 하나님 아버지라는 것을 깨달았던 것입니다. 성령님을 힘입어 예수님 안에 거하고, 그 예수님의 인도하심으로 아버지 품에서 진정한 평안과 안식을 누리실 수 있기를 바랍니다. 그 아버지는 지금도 여러분을 기다리시는 아버지입니다.

십자가 II

초판 1쇄 발행일 2020년 09월 25일

- ■지은이   하도균
- ■펴낸이   방주석
- ■펴낸곳   베드로서원
- ■주 소   10252 경기도 고양시 일산동구 고봉로 776-92
- ■전 화   031-976-8970
- ■팩 스   031-976-8971
- ■이메일   peterhouse@daum.net
- ■등 록   (제59호) 2010년 1월 18일 창립일 : 1988년 6월 3일

ISBN   978-89-7419-393-5 03230

책값은 뒤표지에 있습니다.

베드로서원은 말씀과 성령 안에서 기도로 시작하며
영혼이 풍요로워지는 책을 만드는 데 힘쓰고 있으며,
문서선교 사역의 현장에서 세계화의 비전을 넓혀 가겠습니다.

나의 힘이신 여호와여 내가 주를 사랑하나이다(시 18:1)